“十二五”国家重点图书出版规划项目
海外社会工作介绍丛书
高鉴国 主编

America
美国
社会工作

杨克 著

中国社会出版社
国家一级出版社 全国百佳图书出版单位

丛书编委会

目　录

总 序

社会工作是通过对有身心需要的个人和群体提供照顾、保护、辅导，来帮助他们改变生活困境的专业行为。它包含职业（或专业①）和学科两种含义。作为一个职业，社会工作与社会福利、人类服务等领域相互交叉，指那些协助个人、家庭、团体、社区适应社会环境，增强或恢复其社会功能的专业化服务活动。这些专业服务本身形成一门职业，需要完成相应学历，并经过注册或资格认证的社会工作者来承担；社会工作在各国和地区高等教育中已被普遍确认为一门应用性学科，广泛应用于研究和教学领域。

社会工作在现代化国家经过了一个从无到有、从小到大的过程。英国可称为现代专业社会工作的发源地之一。自1601年伊丽莎白《济贫法》开始颁布实施，英国政府便开始正式介入针对特殊群体的救助、保障和福利事业的组织和管理，由政府提供的社会服务由此发端。这一举措有助于催生现代社会工作，那时从事各类救助事业的人可被视为今天社会工作者的先驱。专业社会工作不仅起源于早期慈善活动，也起源于护理、精神健康、社区发展等事业。在欧美国家，社会工作来源于19世纪末各种志愿性、慈善性、专职性的社会救助事业，如英国，1869年成立的慈善组织协会（COS）开始运用针对个人问题的个案工作方法；安置运动和青年俱乐部运动所使用的工作形式可被看作是小组社会工作的雏形；皇家义务医院1895年开始雇用专职施赈人员甄别哪些病人自己能够承担医疗费，哪些病人需要免费救助，这些医院施赈人员便是医院社会工作者的前身；住宿照顾社会工作则起源于救助被遗弃儿童的志愿组织等。

通过这些过程，人们发现，社会工作发育程度——职业化、专业化和专门化程度往往与一个社会的发展水平和制度结构相适应，受到各种社会因素的影响。如果社会结构并没有提供社会工作的基本条件，社会工作职业

① 在汉语定义中，“专业”有职业和学科两种含义。在英文中，Professional（专业）指一种技术性职业，与教育学科相区别。

化和专业化就会受到极大的限制,难以发育和成长。而当社会结构中适合社会工作发展的因素不断出现、成熟时,社会工作事业和学科便会出现新的飞跃。认识社会工作的作用和功能,必须了解其发展过程及其与社会基本结构的关系。

本丛书旨在介绍英国、瑞典、挪威、美国、加拿大、澳大利亚、日本等国家以及我国台湾和香港地区的社会服务、专业社会工作者、社会工作教育等方面的情况。从目前各国和地区的发展状况看,社会服务日益渗透到社会生活各个领域和人群(家庭和儿童福利、老人服务、康复服务、青少年服务、社区服务、医务服务和犯罪辅导等),服务的覆盖面广泛,服务的方法专门化;专业社会工作成为正式职业,社会工作者普遍掌握专业实务知识和人际沟通技巧,职业身份受到法律保护;专业社会工作者的资格需要通过高等教育来获得,由于更高的学历和学位成为许多社工职位的标准(例如行政管理、人员培训等职位需要社会服务政策或管理硕士学位,学院和大学的教学和研究职位要求社会工作博士学位),高校社会工作学历教育的层次也日益升级,出现多样化和专门化分工趋势。

各个国家和地区社会工作发展的进程不完全一样,各自形成一些特色,共同为国际社会工作事业作出了贡献。英国作为最早开始工业化、现代化的国家,也是社会工作最先发展的国家。英国近代慈善组织和社会服务模式往往延伸和影响到美国和加拿大。美国"社会工作之母"简·亚当斯(Jane Addams, 1860—1935)和玛丽·里士满(Mary E. Richmond,1861—1928)都吸取了英国慈善服务的具体经验继承了其传统。瑞典现代社会工作则是一种被纳入"福利国家"的服务模式,主要特点有:(1)形成普遍性、义务性的社会服务体系,强调保证公民的平等权利和较好的生活待遇;(2)以国家供给为主体,大多数社会服务机构由政府开办,社会工作者受政府直接雇用,非政府组织所承担的社会工作服务居于补充地位;(3)服务管理和财政来源主要集中于地方市级政府,国家和省级政府参与承担医疗保健、教育、矫治等方面的社会工作服务;(4)由于高水平的社会服务需求,瑞典的社会工作教育得到了较为充分的重视和发展,在高等教育中社会工作专业或学科具有相对突出的地位。瑞典有着"欧洲最先进而完整的社会工作制度"[1],集中体现

---

① 林万亿. 当代社会工作——理论与方法〔M〕. 台北市五南图书出版股份有限公司,2002:119.

了“社会民主主义福利国家”模式下的平等、公正和去商品化取向。

目前在西方国家，“社会工作者”称呼受到法律保护，只有在政府或专业协会注册管理机构获得资格认证后的专业人士才能使用该称呼。美国最早在20世纪50年代初开始推行注册制度(Licensing)。获得社会工作学士学位(BSW)通常是得到社会工作者就业资格最起码的要求。一些卫生健康机构及临床工作的岗位通常需要社会工作硕士(MSW)学位资格。社会工作者注册制度正向更多的国家和地区推广，并执行更高的专业标准。根据英国《照顾标准法》(2000年)，自2005年以后社会工作者必须经全英社会照顾理事会注册，否则不能使用“社会工作者”称号；在精神健康部门，用“精神卫生特准专业人员”取代“特准社会工作者”(Approved Social Worker)①，以扩大社区精神护理、职业理疗、心理学等其他专业人员在精神卫生部门的参与。这也反映了当代社会工作与精神卫生领域日益密切的联系和团队协作方式。

我国香港地区在社会经济发展过程中，吸取英国社会福利的一些经验做法，建立了较发达的现代社会服务体系。政府在社会服务领域行使主导、主管职能，提供财政支持、行政监督和法律服务；具体的社会服务则交由民间机构来提供，发挥民间服务机构的作用，培育社会自我服务、自我教育的机制和能力，将政府部门的社会责任与民间组织的弹性运作相结合。我国香港地区民间社会服务单位多达3800个，组织承担着80%的社会服务工作，吸纳了超过60%的注册社工就业②，为各类社会工作者提供了巨大活动空间。我国台湾地区的专业社会工作制度起步于20世纪60年代，晚于香港地区；到1997年通过台湾地区“社会工作师法”，标志着台湾地区的社会工作制度已经进入成熟阶段。台湾地区早期和现在很多社会工作教授、学者到欧美留学归来，从教学内容和研究方法上更多地接受了西方国家的知识训练。在吸取现代西方社会工作知识和理论体系的同时，也面临着协助发展本土化服务计划，建构本土需求为导向的教学内容的重要任务。

---

① 在香港，称“许可社会工作者”。英国制定《精神卫生法》(1983)，设立“特准社会工作者”，从事精神卫生社会工作服务，执行法律所制定的责任事项。特准社会工作者通常要接受一年的专门培训，在精神疾病患者的评估和监护中起着重要作用。2007年以后，由“精神卫生特准专业人员”的职称取代。

② 王建军、甄炳亮. 赴香港社工专业化职业化考察报告，民政部网页：“社会工作和社会工作人才队伍建设”专栏(“他山之石”专题)。

各国和地区社会工作事业面临着一些共同的难题:在大多数福利国家中,社会服务消耗的公共开支的比重较大。当出现经济萧条或政府开支赤字时,服务项目和社会工作者的职业地位往往得不到充分保证。社会发展一方面需要有知识、有能力的社会工作者,另一方面,社会服务劳动力的价值得不到更高承认和保护。各国和地区政府越来越愿意将自己的没有竞争优势的服务交给社会上的第三方(社区、NGO或私人组织等)承担,即由原来发生交易或联系的双方之外的独立机构提供。这导致与政府和医院等公共部门的社会工作者相比,"第三方"社会工作者被较多纳入"短期契约工",收入较低,安全感也比较低。在全球化条件下,各国和地区社会工作者需要进一步提升自己的服务能力和品质,达到更高的社会和专业目标。

尽管本丛书各册的篇幅不大,但要在较短的时间内完成编写并不容易。各册作者作为社会工作专业教育工作者,为丛书撰稿付出艰辛的努力。中国社会工作的专业和职业实践起步不长,能够收集到的资料有限,大部分作者也没有直接的海外经验,因此对各国(地区)社会工作的理解和介绍,肯定还有不够全面和深入之处。但愿本丛书能够起到开阔眼界、抛砖引玉的作用,对广大读者了解各国(地区)的专业社会工作和社会服务事业提供一些有益的帮助。也期待今后有更多更好的各国(地区)社会工作经验介绍和比较研究成果出现。

高鉴国

2014年6月15日

第一章 美国社会工作的发展历史

社会工作是一门应用性的学科，它既不同于空泛的理论，也不同于简单的助人活动，它旨在通过专业的技巧和科学的方法为有需要的人、家庭和组织提供服务。像任何事物一样，社会工作的产生发展有其自然的过程，是一个从非专业化到专业化，从萌芽状态到成熟完善的历程。作为一种助人和解决问题的活动，不同国家的社会发展状况和现实问题决定了社会工作在具有专业通用性的同时也具有本土化的特征。本书将从社会工作的发展历史和现状、职业状况、专业教育、服务领域、非营利组织、社会保障制度等方面对美国社会工作进行介绍，以期让读者能对美国社会工作有一个全面的了解。首先，先从美国社会工作的发展历史来了解这一专业的建立历程。

第一节 美国社会工作的起源

工业化和城市化进程是社会工作产生的重要历史背景和推动力量。18世纪60年代，英国率先完成了工业革命；19世纪30年代，法国、德国等西欧主要国家也相继完成了产业革命。工业化在促进各国经济发展的同时，也极大地改变了这些国家的社会结构。美国工业革命于19世纪初期开始，城市化运动也跟随工业革命同步发展，这一系列变革给美国社会带来了极大的改变，也催生了社会工作这一新生专业。

一、美国梦的开始和西进运动

美国作家詹姆斯·特拉斯罗·亚当斯在他的历史著作《美国史诗》中写到，美国梦就是“对这样一个国度的憧憬，在那里每个人都可以生活得更好，更富足，更充实，每个人都有依照自己的能力实现目标的机会”。1620年9月，世界历史上闻名的“五月花”号载着102名乘客从英国驶往美国。他们到达新大陆并被这里丰富的资源所吸引，美国梦由此扎根发芽。人们对这块新大陆寄予了无限希望和梦想，经济利益的驱使和对自由平等的向往使得大量欧洲移民在17世纪移居到此。清教徒[①]在美国梦早期的形成过程中发挥了不可替代的作用，他们的追求和信仰奠定了美国社会文化价值观的基础，同时也促使美国梦成为理想和现实的结合产物。

美国梦在西进运动过程中得到发展。西进运动也被称为美国的“血泪之路”（Trail of Tears），是美国在北美殖民时期向西移民和对西部开发的活动。西进运动始于18世纪80年代，这时正是第二次科技革命兴起、资本主义生命力最旺盛的时期。当时美国已经不能满足从农业经济向工业经济转型以及工业的发展对原料的需要，而西部丰富的自然资源和大量未开垦的土地都吸引了来自东部的拓荒者。西进运动几乎贯穿美国整个工业化进程，并在劳动力、资源、交通运输方面对美国工业革命产生了推动作用。

（一）劳动力

为了适应西部开发的需要，美国政府采取了很多政策鼓励移民，尤其是欧洲人。这些移民的涌入一方面为西部开发带来了先进的技术和经验，另一方面，人口的增加实际上也是市场的扩大，这为东部地区的商品销售拓宽了领域。大规模的移民所带来的丰富的劳动力资源和经济效益相互影响，相互促进，共同构成了19世纪美国西部开发的特色和主流。

（二）资源

西进运动为美国工业革命奠定的资源基础包括大量的物质资源和资金积累两个方面。美国西部蕴含着丰富的矿产资源，如煤、铁、铜、石油、铅、锌、金、磷等资源。西进运动过程中，大量商业资本涌入西部，矿产资源得到开发，丰富的矿产资源为发展美国的工业提供了大量的原料和动力。此外，在西进运动中，大量的土地倒卖使国内资本得到积累，农产品和矿产资源的

---

① 清教主义是在继承基督教基本教义的基础之上产生和发展的，与现实社会生活联系紧密。清教主义在塑造美国民族精神方面起到了重要作用。被学者们归纳的美国民族精神如勤劳节俭、讲究信用、崇尚民主、注重实际、强调个人价值等与清教主义精神相吻合。龚明娟：《浅析美国民族精神及其清教主义渊源》，《湖北经济学院学报》，2011年第2期。

出口则吸引了大量外资。一直到第一次世界大战前夕，美国一直是债务国，但美国黄金储量丰富，政府可以输出黄金，以弥补对外贸易的逆差。例如，1850 年到 1873 年，美国的黄金出口额达 116600 万美元。[①]同时农产品的大量出口弥补了对外贸易的逆差，从而换取了大量外汇，使美国有能力偿还外债利息，能继续引进新的外资以促进美国的工业发展。[②]

(三)交通运输

美国在西进运动中非常注重公路、水运、铁路等基础交通设施的建设和完善。其中，铁路的建设尤为迅速。在铁路修建上美国政府采取了"多修铁路多得益"的政策。铁路公司可以得到铁路沿线一定面积的土地；同时，铁路公司可以根据修筑铁路的长度和地形的不同，从政府那里获得不等的贷款。[③]

以劳动力为主的大量移民运动，能源开采带来的经济效益，以及交通运输业的发展，加速了人口要素在美国境内的流动，极大地推动了美国的重工业和经济发展。西进运动为接下来的工业革命和城市化运动在资金、人力资源和交通运输方面奠定了基础。

二、工业化和城市化运动

美国工业化最重要的表现形式是工业革命。南北战争胜利后美国的工业革命加速发展。美国的工业革命早在 18 世纪末 19 世纪初就开始了，起步晚于英法，但是步伐较快，很快赶超英法。19 世纪后半期，美国的第二次工业革命推广开来，并走在世界的前列。工业革命的完成使美国成为世界上最强大的工业国，为美国登上世界霸主地位打下了基础。

美国城市化进程和工业化几乎是同步的，东北部城市是工业革命的摇篮，而工业化使生产专业化，促进了城市化，但凡是工业化速度快、经济发达的地方，其城市化程度也高。在发达市场经济的刺激下，美国城市化从东部开始，主要以沿海城市为主，发展速度较为缓慢，随着西部开发由东北部向

---

① 王娜:《试论西进运动对美国工业革命的促进作用》,《济南职业学院学报》,2006 年 2 月第 1 期。

② 同上。

③ 百度百科:http://baike.baidu.com/view/562812.htm.

中西部扩展,呈现出由东向西的趋势,并出现了许多新的经济增长中心。

美国的工业化和城市化运动相互配合,对社会产生了诸多影响。

(一)对经济社会的发展具有积极的推动作用

第一,工业革命和城市化运动过程中,大量技术和现代化机器的运用提高了劳动效率,经济增长突飞猛进,为美国积累了大量的资金。第二,工业革命极大地推动了美国社会的发展,改变了社会结构,原有城市的扩张和新工业城市的兴起成为一种新的趋势。第三,工业化过程中各种工厂林立,就业机会空前广泛,大量农村人口开始涌向城市,转为工业劳动力,使城市人口与城市数量迅猛增长。城市化与城市人口的迅速增加,使美国的城市化出现了第一次高潮,城镇人口由1830年的8.8%上升到1870年的25.7%①,促成了美国历史上城市化的第一次大发展。② 第四,美国城市化的典型特征是生产要素在全国范围内自由流动,尤其是人口的流动最为明显。在集中城市化阶段,人口主要从农村迁向城市,而在郊区化阶段,人口又从大都市的市区迁往郊区。

(二)带来的负面问题

与美国工业化和城市化对经济社会产生的巨大推动作用相伴随的是各种社会问题的出现:

1.随着资本主义经济的发展,社会日益分裂为两大阶级,即工业资产阶级和工人阶级。资本家掌握着社会中的大部分财富和权力,而广大劳动者在付出大量劳动后却只能在剥削和压迫下生存,两个阶级的对立导致了社会矛盾的激化。

2.从农业社会向工业社会的转型致使传统的农村经济结构被打破,农业劳动力走进城市,农村家庭结构遭到破坏,相应的家庭功能也受到影响。

3.城市问题大量出现。随着人口的涌入,城市变得十分拥挤,很多人居无定所,大量贫民窟出现;同时,由于放任政策,工厂建设毫无规划性,废气、废物的排放严重污染环境,影响人们的生存条件。这些问题都大大增加了社会的不稳定因素。

---

① 高强:《日本、美国城市化模式比较》,《世界经济》,2002年第3期。

② 王家庭、张换兆:《工业化、城市化与土地制度的互动关系:美国的经验》,《亚太经济》,2009年第4期。

4. 此外，大量的移民和人口迁移使城市的异质性增强，不同种族、民族之间存在着矛盾，各种道德沦丧、违法犯罪现象层出不穷。据人口普查的有关资料，“从 1880 年到 1890 年，全国犯罪收监率上升了 50%，大部分案件都发生在城市。另据芝加哥《时报》披露，从 1881 年到 1898 年，该市杀人案件从 1266 起剧增到 7480 起。”①

从上文的分析来看，工业化和城市化带来了资金的积累、城市化进程的加快以及广大劳动力素质的提高等，这些为后来的社会保障提供了动力，也为社会工作的出现奠定了社会条件和基础。资金的积累使各种救助有了物质支持，而城市化所产生的各种新技术、新设备以及劳动力素质的提高则使有组织、有效率的救助活动成为可能。同时，工业化和城市化所导致的各种阶级矛盾的激化、家庭功能的丧失、社会不稳定因素的增加以及违法犯罪现象的出现等问题则使社会工作这一助人、解决问题的专业活动的出现成为一种必然。因此，可以说，工业化和城市化进程中的社会进步和出现的社会问题共同催生了社会工作的出现。

第二节　美国慈善组织和救助活动的发展

随着工业化的推进，贫民和失业人数开始上升，单靠政府不足以应对这些问题，于是出现了一些私人和组织开始募捐资金，救济灾民。但是由于缺乏一定的组织性，这些私人和组织的活动存在一定的混乱性和低效率性，慈善组织会社和社区睦邻运动就是在这种情况下出现的。

一、慈善组织会社

慈善组织会社发源于 18 世纪中期，是早期的社会工作组织。主要由一部分赋闲在家的中产阶级妇女担任为贫困者和贫困家庭提供服务的工作，虽然她们的工作是志愿性的，还不具备一定的专业性和职业性，但她们的活动在贫困救助过程中发挥了积极的作用；同时，她们所积累的实践经验也打上了社会工作的烙印。

---

① 王旭：《美国城市史》，中国社会科学出版社 2000 年版，第 126 页。

(一)慈善组织会社发源于英国

慈善组织会社一直被认为是社会工作的起源,它发源于英国活跃于欧美。工业革命最先在英国发生,贫穷对社会的威胁也较大,因而英国的济贫工作也较为发达。针对当时社会存在的各种问题,尤其是贫困问题,英国政府在 1601 年和 1832 年分别颁布了《济贫法》(Poor Law)和《新济贫法》(The New Poor Law)。

18 世纪中期,受宗教理念影响,许多赋闲在家的中产阶级妇女开始服务于贫困家庭。这些中产阶级妇女被称为“友善访问员”。贫民从友善访问员那里得到物质上的帮助和各种建议。到 19 世纪中后期,由于工业化的继续推进,贫民和失业人数不断增加,单靠《济贫法》已经不能满足这些问题所产生的需要,于是,各种慈善组织纷纷出现,征募捐款,救济贫民。但是这些组织大都各自为政,互相之间没有联系,因此造成了效率低下和浪费。为纠正这种现象,1869 年,伦敦成立了第一个“慈善组织会社”。该会社认为贫困是个人的责任,接受救济会摧毁贫民的自尊心和进取心,因此,主张只对“值得”救济的人进行救济,主张贫民通过自己的能力来摆脱贫困。伦敦慈善组织会社采用的工作方法有:

(1)成立一个中央管理局与联系机构,并将伦敦分为若干区,每个区成立一个分支机构,每区有志愿委员会,主持救济物资的分配工作。

(2)各区负责区内所有救济机构受理救济案件的登记,另设咨询部,供《济贫法》监护人、各慈善组织及个别慈善家收集申请救济者的资料。这样就可以揭露那些同时向不同机构申请的贫民,以使救济资源更有效地发挥作用。

(3)各区派人对提出申请的人进行调查。

(4)提高救济的款物的配额,使之足够申请人生活所需。①

伦敦慈善组织会社的这一工作方法大大提高了救济效率和资源的利用率,后来其他国家慈善组织会社的工作方法都或多或少地从这里得到了借鉴。

---

① 王思斌、熊跃根:《社会工作导论》,高等教育出版社 2004 年版,第 31 页。

（二）慈善组织会社在美国的建立和发展

美国的公共救济也受到英国的影响，早期的慈善事业主要由教会推动，受宗教信仰的影响，这种善行带有某种程度的怜悯心。在救济过程中政府能力的不足以及贫困问题的突出使美国也在贫困救济的过程中发展起了各种慈善组织。

早在1818年，美国纽约就建立了防止贫穷会社（New York Society for Prevention of Pauperism），防止贫穷会社也通过友善访问员进行工作，所采用的友善访问工作方式如下：

将城市分成若干个很小的管区，由会社向每个管区派出两到三个访问员。他们的任务是熟悉管区的居民，经常访问那些生活在贫困状况中的家庭，这样就可以及时地发现他们的需要，建议他们重视生计、子女的教育、选择经济实惠的住房等。

1843年，美国成立了"改善贫民状况协会"（The Association for Improving the Condition of the Poor，简称AICP）。AICP的工作内容包括：

1. 收集信息。探访贫困的家庭，了解家中每个人的情况及其相互关系。

2. 给予建议。根据案主具体情况，提供一些建议，供案主自决。

3. 解决困难。帮助案主解决一些具体的困难，例如，协助案主获得一份工作，帮助孩子进入一间学校，或为其争取到一项医疗经费。

4. 心理辅导。激发案主自尊、自助的意识，排解不良情绪的困扰。

5. 行为训练。帮助案主改掉某种恶习，如戒毒、戒酒、训练、培养案主节俭、勤劳的习惯等。

6. 提供救济。在案主绝对需要时，提供物质的救助。①

1877年，美国牧师哥尔亭在布法罗成立美国第一个慈善组织协会（The Charity Organization Society，简称COS）。他效仿伦敦做法，将贫民划分为"值得救济的贫民"和"不值得救济的贫民"，要求对申请救助的个人和家庭进行调查，确定他们确实是值得救助的，从而避免资源的浪费。设立技艺所和救济院，促使那些有能力自助的贫民改变生活方式。随后，美国的慈善组织协会迅速发展并扩展到其他城市。

COS的工作内容和方法主要包括：

---

① 许莉娅：《个案工作》，高等教育出版社2004年版，第20页。

1. 联络协调。对社区中不同的服务机构进行组织联络及协调工作，避免以前工作中的重复、浪费或者遗漏现象的发生。

2. 调查访问。各区成立"中央登记局"，利用友好访问者对案主的生活状况、社会关系、工资水平等进行调查，了解有无受助的需要，对个案进行详细记录，跟踪服务。

3. 直接服务。在调查访问的基础上进行职业介绍、法律援助和心理辅导。

4. 将家庭看作一个整体，对整个家庭福利和再生产进行调查，并作为诊断问题、进行治疗的基础。

5. 员工训练。COS 非常注重对员工的训练，1898 年在纽约成立专门的社会工作学校，还发展出了学徒式的督导方法等。

6. 为完善对工作人员的训练还在 COS 总部设立社会工作图书馆，为工作人员提供丰富全面的图书设施。①

（三）慈善组织会社的影响

在社会工作专业的发展上，慈善组织会社发挥了重大的作用，具体表现在以下几个方面：

1. 组织效率的提高

慈善组织会社运用新的组织管理模式，引进企业管理的先进经验，具有了专业性，大大提高了资金的运作效率，这实际上也是拓展了组织对于迅速发展的社会环境和变化多样的社会问题的应对能力。

2. 对价值理念的影响

运用统一的理念协调组织慈善事业，使慈善不再是简单的利他主义行为，而发展成为一种应对社会问题的科学方式；同时，这种统一和规范化的运作方式也为以后形成具有共同价值体系的专业社会工作奠定了基础。

3. 对专业技巧的发展

慈善组织会社中友善访问员在工作的过程中积累了丰富的实践经验，

---

① 许莉娅：《个案工作》，高等教育出版社 2004 年版，第 20 页。

他们所开展的个别化的社会调查成了后来个案(Social Casework)工作的开端。他们在工作过程中通过调查登记确定服务对象的需要,甄别是否是“值得救济的贫民”,通过互助、协作等方法向贫民提供适当救济,这些都为后来的个案工作技巧提供了借鉴。

二、社区睦邻运动

社区睦邻运动出现在19世纪80年代,与慈善组织会社运动大致同时期出现,但它采取了一种与慈善组织会社不同的工作方式,是由社会工作者组织发起社区居民通过社区改良和居民之间的自助互助来实现助人目标的一场运动。

(一)社区睦邻运动的开端——英国汤恩比馆

1884年,英国牧师巴涅特(Samuel A. Barnett)在伦敦东区设立第一个社区睦邻服务中心“汤恩比馆”(Toynbee Hall)。巴涅特从牛津大学毕业后到伦敦东部任牧师,当时那里是伦敦最贫穷的教区之一,教区环境恶劣,居民生活痛苦。他决心改变这里的现状,和妻子搬入教区内居住,与这里的居民共同生活。同时,他还动员许多贵族子弟住进东伦敦区,共同为这里的人提供服务,寻求解决问题的方法。在这些前往东伦敦教区提供服务的人中,有一个牛津大学的经济学讲师汤恩比与巴涅特十分投缘。汤恩比是一个基督教徒,他尽心尽力地为这里的贫民提供服务和帮助,具有极大的奉献精神。但是,1883年,年仅30岁的他却因病去世。为了纪念汤恩比,鼓励更多的人学习他的奉献精神来为贫民服务,1884年巴涅特在东伦敦设立了第一个大学社区睦邻服务中心,并以汤恩比的名字命名。

汤恩比馆是睦邻社区运动的开端,具有以下4个特点:

1. 设于贫民区,备有宿舍,所有工作人员与贫民共同生活。
2. 没有既定的工作计划,视居民实际需要而工作。
3. 尽量发动当地人才,培养其自觉的互助合作精神,为社区服务。
4. 社区睦邻中心不仅是服务中心,而且也是文化中心,向居民介绍本国及国外文化。①

① 王思斌、熊跃根:《社会工作导论》,高等教育出版社2004年版,第32页。

“汤恩比馆”的成立使得睦邻组织运动迅速推广，成为英国社会改良运动的一种新潮流，同时世界上许多其他国家的社区改造运动也纷纷开展起来，其中以美国最为发达。

（二）赫尔大厦服务所（Hull House）

美国第一个社区睦邻中心创立于1886年。在1889年，由简·亚当斯[①]（Jane Addams）所创立的赫尔大厦服务所则成为美国最著名的社区服务中心。简·亚当斯参观过英国的汤恩比馆，并且深受启发。她所成立的赫尔大厦服务所在内容上比汤恩比馆有了更大的发展：

1. 赫尔大厦服务所旨在改善发展社区居民福利，不仅关注问题的解决，同时也为居民的发展创造条件。

2. 组织一批志愿者队伍，包括律师、艺术家、商人、社会工作者、教师等，为社区居民提供服务。

3. 举办俱乐部、学习班，开设研讨会、兴趣小组等，为社区居民生活、娱乐、学习提供机会。

4. 对于一些有特殊问题和需要的个案，聘用专门的社会工作者、心理学家、医生和职业顾问来进行解决。

从赫尔大厦服务所的工作内容可以看出，它对于改善居民的生活质量、促进居民发展具有积极的作用。到1937年，美国已经有500多所社区睦邻服务中心。它的成功经验被广泛传播，世界上许多国家纷纷到美国进行参观学习。

慈善组织会社和社区睦邻运动对社会工作的发展起到了巨大的推动作用。慈善组织会社为后来个案工作的发展奠定了基础，社区睦邻运动则注重对社区环境的改善，将救助工作由原先简单的物质救济扩展为对人的精神的关注。它们的出现也共同提高了社会救助的效率，推动了社会工作专业化的进程。

第三节　美国社会工作专业的建立

西方社会工作形成于19世纪末到20世纪初，一直到1915年之前，社会

---

① 简·亚当斯（1860年9月6日—1935年5月21日）是美国社会工作者、社会学家、哲学家和改革家。她是美国第一个赢得诺贝尔奖的女性，也是美国睦邻组织运动的发起人。

工作还处于萌芽阶段，大多是志愿者从事的慈善活动，之后演变成为一种有报酬的救助工作。美国社会工作作为一个专业正式诞生，经历了长时间的孕育和发展。从最早的济贫运动开始，到后来的慈善组织会社和社区睦邻运动，社会工作顺应了社会和人性的需要，不断深入发展成为一门正式专业的趋势日益明显。

1915 年美国召开全国慈善与矫治委员会（National Conference on Charities and Correction）会议，亚伯拉罕·弗莱克斯纳（Abraham Flexner）在《社会工作是专业吗？》（Is Social Work a Profession？）一文中提出，一种职业成为一个专业的 6 个条件：

1. 专业行为都是伴随个人责任的智慧性操作；
2. 通过科学与学习获取素材；
3. 这些素材逐渐趋于实用，并且目的界定清楚；
4. 拥有可教育的沟通技巧；
5. 往往朝向自我组织；
6. 在动机上日渐具有利他性。

此外，E. 格林伍德（Ernest Greenwood）也提出了社会工作成为一个专业的条件：

1. 拥有为社会所需要的独特的技能；
2. 对创始者长期的、专门化训练怀有期待；
3. 拥有系统理论基础以进行训练；
4. 有伦理法典作为实践的指导；
5. 有专业协会组织来保护其成员利益。①

根据弗莱克斯纳和格林伍德关于专业标准的评判，当时社会工作作为一个专业的条件已经基本具备。

首先，从《济贫法》到慈善组织会社和社区睦邻运动的发展，社会救助工作已经逐步从小到大、从业余到专业，从零散到有组织逐渐发展起来。社会和人的需求的变化，以及从事社会工作人员的不断专业化使社会工作作为一个专业出现的趋势初露端倪。

其次，任何一个专业之所以能成为专业，都离不开理论的指导。从弗莱克斯纳和格林伍德关于社会工作作为一个专业的标准中也不难看出，他们

① Ernest Greenwood, "Attributes of a Profession", Social Work2, July 1957, p. 45 - 55.

都将有无理论的指导作为衡量标准之一。

社会工作最初的理论是由服务者在长期的实践基础上进行的经验总结。这个阶段他们都是实务家,并没有对方法、技巧这些东西进行思考和总结。后来服务者认识到他们需要理论的指导,又恰逢精神分析的兴起,社会工作经历了一个“精神分析的洪水潮”,使社会工作几乎等同于精神分析。尽管那时的理论指导显得单调而简单,但是系统的理论方法还是出现了。

最后,社会工作教育的发展与社会工作专业地位的确立密不可分。社会工作教育的发展为助人服务提供了系统的知识体系,它是社会工作成为一门专业的制度性前提。同时,社会工作教育本身也是社会工作成为一个专业的标志。1898 年,美国纽约慈善组织会社举办了为期六周的夏季训练课程,该项目在 1904 年和 1910 年得到扩展,并在后来发展为现在的哥伦比亚大学社会工作学院。社会工作教育培训出具备专业知识和技能的工作人员,为社会工作的专业化提供了条件。

1917 年,玛丽 · 里士满根据多年积累的经验和心得,出版了《社会诊断》(Social Diagnosis)一书。该书通过系统地分析个案工作的过程,诊断案主存在的问题,提出了个案工作的一系列原理和原则,如个别化原则、案主的自我决定原则,等等;强调对案主问题的根源进行分析,注重社会环境的影响;社会工作者通过访谈及其他方式所得到的有关案主的人格、家庭情况、社会经济背景等资料,以科学的方式确定案主问题,制订解决方案。

《社会诊断》一书被认为是社会工作发展过程的里程碑,它的问世使社会工作摆脱了以往仅仅是一种“纯伦理”的慈善事业的形象,而成为一门专业。至此,社会工作作为一门专业在美国正式诞生。

第四节　美国社会工作专业的发展和完善

美国社会工作专业的正式建立以 1917 年出版的《社会诊断》一书为标志。1922 年,玛丽 · 里士满又出版了《什么是社会个案工作》(What is Social Casework)。这些著作讨论了社会工作与社会各个方面的联系,将人们在实践中积累的经验总结为一套系统的专业知识,社会工作呈现出了一个更加专业的面貌,开始走上专业发展的道路。

一、社会工作专业发展的条件

专业的发展需要一定的社会条件，美国社会工作专业发展的社会推动力主要来自福利制度的发展和社会需求的变化两个方面。

（一）政府大力发展福利事业

社会工作实际上是一个改善个体和群体福利的助人专业，是社会福利制度中不可缺少的一部分。社会福利的发展和完善使福利资源增加，推动了专业社会工作的发展；反过来，社会工作专业的发展有利于提高福利资源的利用效率，能促进福利制度的完善，社会工作的发展和专业化是社会福利制度进步的一个重要标志。因此，社会工作专业与社会福利制度是相辅相成的。

社会工作在社会福利体系中的作用表现在以下几个方面：

1. 社会工作是连接政府和受助对象之间的桥梁，它是将社会福利服务传递到受助者手中的中介。

2. 社会工作专业的发展可以提高社会工作人员的素质，提高资源的分配和利用效率，从而使社会福利制度发挥更大的作用。

3. 社会工作的知识技巧、服务策划和评估等，都可以作为完善社会福利制度的重要依据。

社会福利的发展是20世纪的重要事件。19世纪末到20世纪60年代，以德国、英国、瑞士等为代表的资本主义国家纷纷对社会保障制度进行变革，建立起不同的社会保障或社会福利制度，西方社会福利事业发展进入繁荣阶段。正是看到了社会工作在发挥国家福利中的重要作用，各国政府都加大了对社会工作专业的重视程度和支持力度，从国家层面推动社会工作专业的发展。美国虽然是一个高度崇尚自由主义的国家，但随着资本主义工业化产生的社会问题日趋严重，美国政府也采取了一系列应对措施。罗斯福上任后推行“新政”，于1935年在美国建立起全面的社会保障制度，发展全国性的社会福利事业。随着美国全面社会保障制度的建立，政府对社会福利的干预和资源投入力度加大，为美国社会工作的发展奠定了制度基础，另一方面也提供了广泛的空间和资源。社会工作事业在这一阶段得到了快速发展。

(二)社会需求的变化

社会工作是服务于人的专业,有需求才会有发展。社会工作诞生后,美国社会发生了一系列的变化,社会环境的不断变化发展是促进社会工作专业发展的最直接的动力。

20世纪20—40年代,工业化急速发展造成的贫穷、失业和贫富差距等一系列社会问题更为突出。在这一时期,美国社会政策发展较多的仍然是针对个人的家庭服务、儿童福利和犯罪惩戒等辅导项目,个别化的社会工作是这一时期的主要社会工作服务模式。1929年的经济危机带来大量的工人失业,使原有的疾病、贫困、孤儿等社会问题进一步加剧。第二次世界大战后,西方社会经济迅速发展,都市化、工业化、高科技及社会变迁所带来的贫富差距日益增大。战争结束后军人的安置问题、黑人暴动、妇女争权等运动不断上演。新生的社会问题使原有的社会工作服务已经不能满足社会的需要,在这种新的社会环境下,政府开始介入公共服务以弥补以往私人机构的种种不足,政府应对社会问题的政策改变带来了对于社会工作的大量的需求。单纯的个案工作方法难以应付广泛的、严重的社会问题,广大社会工作者们开始超越以个案工作为主的传统工作模式,适合团体和居民的小组工作方法和社区工作方法应运而生,社会需求的变化使得社会工作的发展成为一种必然。

在社会环境方面,美国是一个高度崇尚自由平等和个人权利的国家,勤奋进取一直是这个国家引以为荣的精神。随着工业化和城市化所带来的巨大经济利益驱动,人们对个人利益和生活质量的追求越来越高;同时,人们对政府为社会福利负责的认知得到加强。在这种情况下,个人主义对个人权利和自由的张扬,造成了个人与社会之间关系的紧张对立和整体利益的淡化。此外,基于个人主义的勤奋进取精神使美国在发展过程中偏重于物质成就,而未能形成成熟合理的价值体系和文化,价值观和文化上的冲突也给人们带来了各种困扰。

综上,如何满足人们不同的精神追求,如何应对不断攀升的贫困、残障、犯罪、精神疾患、孤儿等一系列社会问题,都对社会工作专业提出了挑战。社会工作专业发展成为一种必然趋势。

二、社会工作专业发展的表现

在政府发展福利事业、社会需求大增等社会大背景的推动下，社会工作专业不断发展前进，并在理论发展、服务内容和工作方法等方面呈现出新的变化。

（一）社会工作专业理论的发展

“社会工作理论”是对社会工作者在社会工作过程中所运用的各种理论知识的总称。① 理论对于实践的作用是不可替代的，同其他学科一样，社会工作需要理论来指导。社会工作发展过程中理论的来源主要包括工作者的实际工作经验和其他学科理论的借鉴两个方面。

作为一种具体的面对服务对象的特殊实践活动，社会工作专业的发展与现代科学理论的发展是密不可分的，理论在社会工作中可以为工作者解释人的行为与社会过程的关系、确定问题性质和成因、选择服务方式和技巧等方面提供支持和依据。

美国社会工作理论也在这一阶段不断发展，并取得了许多成就。如从最初玛丽·里士满出版的《社会诊断》《什么是个案工作》，到后来的受精神分析潮流影响，再到 20 世纪 30 年代至 50 年代以 J. 特夫特（Jesse Taft）和 V. 罗宾逊（Virginia Robinson）为代表的“功能主义学派”的新的社会工作观，70 年代奥康纳为代表的批判学说等。

玛丽·里士满在一系列著作中探讨了家庭、社区等社会资源对于社会工作过程的重要影响，总结了个案工作的工作方法和模式，社会工作专业开始有了系统的理论体系。在精神分析阶段，以弗洛伊德为代表，对人类动机进行研究。在他看来，可以通过了解人的精神世界来减轻人的痛苦；人类行为会被无意识因素控制，通过对梦、抗拒、移情的分析可以了解人的无意识功能；童年生活经验会对成年后的性格和生活产生影响。弗洛伊德的精神分析学说成为 20 世纪 20—30 年代社会工作实务的基础。继精神分析之后的功能主义学派则认为，个体的行为是当前社会环境的结果，给予个体一个机会，他就有改变的能力，强调社会工作者应当与服务对象一起建立一种良

① 王思斌：《社会工作概论》，高等教育出版社 2006 年版，第 57 页。

好的专业关系，应当以服务对象作为工作的中心。奥康纳则在他的《国家财政危机》一书中对资本主义国家经济资本的积累进行了分析，并从简单的经济层面上升到一个包含经济、社会、政治等多方面问题的层面。

总结美国社会工作理论的发展，大体经历了6个阶段：

1. 20世纪20年代以前社会工作理论几乎全部来自社会学和政治经济学。

2. 20—30年代主要受弗洛伊德为代表的精神分析学派的影响。

3. 30年代以后人类学、社会学和心理学的介入，让社会工作领域的理论呈现多元化趋势。

4. 40—50年代功能主义学派的理论观点成为社会工作领域的重要理论指导。

5. 60—70年代，政治经济学、公共行政学、系统生态论等则不断丰富发展着社会工作理论。

6. 80—90年代至今，马克思主义学说、女性主义思潮、后现代和社会建构等理论的发展成为社会工作的重要理论分析工具。

美国社会工作理论的不断丰富和完善为社会工作专业化提供了理论基础，同时又是社会工作专业发展的强有力的表现。

（二）社会工作服务内容的变化

1. 社会工作服务对象

美国早期社会工作起源于宗教和慈善救济活动，因此，社会工作最初救助的是社会上最困难的人，如流浪者、儿童、老人、战争中的负伤者等。到19世纪末20世纪初，工业化和大规模城市化运动到来，大量移民和失业所导致的城市问题和社会问题日益严重，这个时期的社会工作面临着大量的失业群体和贫困群体及其家庭。20世纪30年代以来，特别是第二次世界大战以后，社区也逐渐成为社会工作的对象。随着社会工作的进一步发展，到1941年出版的《社会事业年鉴》中所列举的社会工作内容已多达83项之多。社会工作的服务对象也不只是若干贫困或遭遇其他社会问题的人，而是延及一般大众或全体人民。基于他们的需求，不分性别、年龄与贫富，社会工作协助他们获得最美满、最有意义的生活行为。

2. 社会工作服务领域

社会工作的出现和发展是与社会问题相伴随的,社会问题的出现扩展了社会工作的服务领域。美国社会工作从最初的简单满足基本生存需要发展到现在,几乎涉及社会生活的各个方面。到目前,美国社会工作的服务领域包括:精神健康服务、卫生保健领域的社会工作、学校社会工作、社会保障与公共福利、家庭和儿童福利服务、矫治服务、老年人服务、吸毒与社会工作、少数民族服务、乡村地区的社会工作等。社会工作的服务内容几乎渗入到社会成员的每一个生活领域。

3. 社会工作服务目标

美国的社会工作服务目标由过去简单的提供物质或经济上的帮助,发展到关注服务对象的精神需求、缓解服务对象由于各种原因所导致的心理压力,发展到现在更加强调要关注案主的生存环境和社会支持网络,从而培养案主发掘自身潜能、实现自助的能力。"助人自助"成为社会工作的基本价值观念。从美国社会工作发展过程来看,它的工作重心已不再局限于对被救助者社会关系的调整,也不仅仅局限于向被救助者提供物质帮助,而是有专业的咨询服务,以协助他们自决、自立及发挥潜能。

美国社会工作的服务对象、服务领域和服务目标都经历了一个从个人到家庭、群体和社区,由单一的社会济贫到全面的社会服务,由救助到健康发展的演变过程,是一个由小到大、由点到面、由低级到高级的发展过程。

(三)三大工作方法的形成

1. 个案工作方法

个案工作在美国的发展较为突出,并形成了系统的理论和服务模式。玛丽·里士满的《社会诊断》一书奠定了个案工作方法的基础。20 世纪 20 年代以后直到 40 年代,个案工作一直是开展社会工作的主要方法。后来受弗洛伊德精神分析心理学观点的影响,社会工作者开始关注案主个人经验,特别是案主早年生活经验对于当前行为的影响。社会工作者从单纯的济贫开始关注个人心理问题。在这一认识基础上,美国个案工作在实务领域主

要发展出了6种服务模式:[1]

(1)心理社会模式

该模式形成于20世纪20年代末的美国纽约社会工作学校(现在的哥伦比亚大学社会工作学院),将心理学应用于个案工作,揭示服务对象和社会环境之间的关系,这一模式以弗洛伊德的理论为主要基础。后来该模式发展出"人在情境中"(Person in Situation)理论,提出将人与环境看作一个互动的体系。

(2)功能模式

该模式萌芽于20世纪30年代的宾夕法尼亚社会工作学院,认为个体的行为是冲动力、理智、感受、意志平衡作用的结果。

(3)问题解决模式

由芝加哥学院创立,见于1957年出版的《社会个案工作》一书。该学派指导思想主要有二:第一,人的一生是解决问题的过程,人从生到死都必须面对不同的问题并尝试去解决它们;第二,人生的目标是在于寻求和获取。工作者的职责是帮助受助者消除心理焦虑,进而增强自我功能,针对受助者过去和现在状况对未来生活的影响,专业工作者为其提供适当的服务。[2]

(4)行为修正模式(the Behavioral Modification Casework)

20世纪70年代开始在社会工作文献中出现,认为人或动物都期待令人满意的行为,而对于需要修正的行为是可以被观察到的。

(5)任务中心工作模式

由芝加哥大学创立,用于解决个人或家庭特定的心理问题,工作员和案主共同围绕要解决的问题达成协议。

(6)通才实务工作模式

主要内容是在对社会工作学士和硕士的培养课程设置中要包括对学生进行通才实务工作的训练。

2. 小组工作方法

个案工作方法在社会工作实务领域得到不断应用和发展的同时,小组工作方法在20世纪30年代开始形成并受到重视。1930年出版的《群体的

---

① [美]O. 威廉姆·法利、拉里·L. 史密斯、斯科特·W. 博伊尔:《社会工作概论》(第九版),隋玉杰等译,中国人民大学出版社2005年版,第72页。

② 王思斌、熊跃根:《社会工作导论》,高等教育出版社2004年版,第143页。

社会过程》一书，奠定了小组工作的学理基础；1935 年，美国小组工作研究会成立；1939 年，在美国社会工作会议上，社会群体工作成为其中一个独立的小组。此外，美国出现了著名的自治小组“匿名酗酒者协会”，帮助酗酒者重新获得新的生活。在工作过程中，工作者大量采用了小组工作的技巧，如倾听、同理心、观察等。1946 年，在“全美社会工作大会”上，小组工作被确立为正式的社会工作方法，小组工作开始走上专业化发展的道路。

美国社会工作专业小组工作的主要目标是：

(1)实现大家共同决定的目标。

(2)帮助经历了个人、家庭、职业和适应问题的个人，获得预期的改变。

(3)促进个人提高和个人充实。

(4)将治疗、自我提高和个人实现有机结合起来。[①]

小组的目标决定了这一时期美国小组工作模式主要有社会目标模式、矫正模式和互惠模式。社会目标模式适用于解决与社区发展有关的一些社会问题，矫正模式由于带有一定的治疗性而适用于临床，互惠模式则适用于个人和社会。

3. 社区工作方法

美国社区专业工作方法的正式形成和确立相对于个案和小组工作方法要晚一些。1909 年，美国首批社区福利委员会成立于匹兹堡和米尔沃基；1939 年召开的美国社会工作会议上，有关社区组织的方法被提出讨论；1944 年所列出的社会工作专业课程中列有社区组织；在 1946 年召开的美国社会工作会议上，成立了一个“社区组织研究协会”，但直到 1950 年召开的美国社会工作会议上，社区组织才正式被列为社会工作的专业方法之一。

社区工作是建立在一些假设之上的，罗斯(Ross)将其概括如下：

(1)社区居民有能力处理好自己的问题。

(2)人们有改变的愿望和改变的能力。

(3)人们应当参与到其所在社区的重大改变之中，并对这些改变进行调控。

(4)由自身促成的社区生活的改变具有特殊意义和持久性，这些是外部

---

① [美]O. 威廉姆·法利、拉里·L. 史密斯、斯科特·W. 博伊尔：《社会工作概论》(第九版)，隋玉杰等译，中国人民大学出版社 2005 年版，第 116 页。

促成的改变所不具备的。

(5)“整合的方法”可以成功处理那些使用“零星孤立的方法”所无法应付的问题。

(6)民主要求用合作参与以及合作行动来处理社区事务,而人们应该学习使合作参与、合作行动成为可能的技巧。

(7)社区居民需要人帮助他们组织起来,以满足自身的需求,就像很多个人需要帮助以应对他们的个人需求一样。①

社会工作三大专业方法在美国的形成促使社会工作成为一种比较完善的专业,它们在社会工作专业训练和实务开展过程中发挥着重要作用。从20世纪50年代至今,受社会复杂程度和案主问题多样化的影响,三大工作方法开始相互结合运用,共同推动着美国社会工作的进步。同时,美国三大工作方法中关于服务模式、目标、原则等的探索和成就也为其他国家提供了有益借鉴。

① [美]O. 威廉姆·法利、拉里·L. 史密斯、斯科特·W. 博伊尔:《社会工作概论》(第九版),隋玉杰等译,中国人民大学出版社2005年版,第116页。

第二章　美国社会工作的发展现状

社会工作早期以慈善事业的形式出现，主要是由教会首先推动起来的。宗教信仰规定要救助贫民、保护孤儿、照顾妇女、帮助老弱病残，这一系列的做法都在以后影响了美国社会工作的发展，成为其独特的表现。随着时间的发展，美国的社会工作日趋成熟，表现为完善的社会工作管理制度、发达的社会工作机构和社会组织。本章将从这两个方面对美国社会工作发展现状进行介绍。

第一节　美国社会工作管理制度

一、强制性规范管理制度

美国社会工作管理制度中的强制性规范是州政府通过立法而建立的社会工作者最低执业资格，任何进入社会工作领域的人员必须具备这一资格。目前对社工的监管一般有三种模式：执照方式(Licensing)、授证方式(Certification)、注册方式(Registration)。其中，以执照方式最为严格。执照监管方式要求社工执业必须持有执照；执照的申请和颁发是政府机关的权力；只有领取专业执照者方可从事法定的专业服务，未领取执照者不能从事专业业务活动，否则政府可依法取缔；对执业社工进行纪律处分等。①

根据各州的社会工作法律，美国建立起社会工作证照制度。通过规定社会工作者的最低执业资格，来保证社会工作者提供的服务达到一定水准，从而保障服务对象的利益。根据各州立法，社会工作者必须在所在地通过

① 薛海：《美国社会工作的管理》，《社会工作》，2008 年第 3 期(上)。

考试或其他相应的方式，获得证书或者完成注册登记手续，方可开展相应的社会工作，合格执业。尽管各州有关社会工作者的法律制度差别很大，但各州的法律制度均涵盖执业资质、执业范围、执业水平等方面的相关规定。执业资质包括从业执照申请资质、获得执照方式、执照有效期限、更新执照程序要求；执业范围包括专业职称的适用环境和对象、专业服务的内容和对象、专业服务标准；执业水平指专业资质的等级，决定了社会工作者的执业领域、层次以及工作性质。①

美国各州设有不同的社工执照系统，一般由各州代表政府权力的社工委员会等机构设立颁发条件，决定考试制度及实务评价要求等。在各州社工委员会的基础上，履行这一职能的美国全国性组织是“社会工作理事联合会”(Association of Social Work Boards，简称 ASWB)。该会目前拥有美国 49 个州、2 个地区作为会员，主要职能是在其会员单位范围内开展统一的执照考试，会员单位统一采用考试系统，按照本地区实际情况，以考试情况为基础决定本地区社工执照的具体颁发条件。其考试系统有四项内容：本科社工执照(Bachelors)、硕士社工执照(Masters)、高级综合社工执照(Advanced Generalist)、临床社工执照(Clinical)。社会工作理事联合会还对执业社工开展相关服务和管理，如继续教育、各州之间的关系转介、各州受到纪律处分的社工情况在会员单位范围内进行通报。

带有强制性的执业监管，实际上就是对从业的一种行政许可。这样一种制度的安排是为了保护服务对象，降低公众对非技术性人员提供服务所引致的风险，维护专业权威和执业地位。

二、自律性管理制度

美国社会工作协会所主导的社会工作者从业资格层次，属于自律性管理。自律性管理通过严格的从业要求，为部分社会工作从业人员和特定服务领域提供更加规范和完善的专业服务。美国社会工作者的发展是自下而上的，协会对于社会工作的规范要远远早于政府。协会主导的行业自律和从业资格层次对于社会工作者而言更具有职业设计的意味，也制约着个人的执业生涯。

---

① 马福云：《美国社会工作者管理制度探析》，《中国社会导刊》，2007 年第 20 期。

1. 美国社会工作证书制度

目前美国共有 5 种社会工作证书制度,分别是:社会工作者证书制度(Academy of Certified Social Worker)、合格临床社工制度(Qualified Clinical Social Worker)、临床社工证书制度(Diplomate in Clinical Social Worker)、持证本科社会工作者制度(Academy of Certified Baccalaureate Social Worker)、学校社会工作专家制度(School Social Work Specialist)。这些类别证书的申请资质和要求都比入门资格高得多,证书也具有较高的专业权威性。证书制度将持证高级社工与持照入门社工区分开,从而使持证高级社工能够获得更高的社会认可。美国社会工作协会还制定了社会工作者的执业标准,包括伦理守则和实务标准,来规范社会工作专业服务水平,保障专业服务的质量。①

2. 美国社会工作教育自律

美国的社会工作在人才培养上,也体现了教育机构的自律管理。美国社会工作教育委员会(Council of Social Work Education,简称 CSWE),负责制定社工专业教育课程标准。它是唯一被美国高等教育评估委员会认可的社会工作教育评估机构,负责评估美国各大学、学院中的社会工作本科和研究生教育项目。CSWE 有大约 750 个本科和研究生教育的项目会员,3000 多名由社工专业教育者、学生、管理人员和实务人员组成的个人会员。CSWE 每年 3 月份主办年会,讨论相关的专业教育问题,为各社工院、系提供信息交流的平台。

教育自律是对美国社会工作教育质量和水平的鉴定和评估,保证了社工在人才培养初始阶段的有效管理。全美各教育机构可以开办社工专业,但如果没有通过 CSWE 的评估,就意味着该机构的社工教育没有保证,毕业生很难得到专业认可。②

3. 美国社会工作成员的自律

美国的社工成员自律组织是全美社会工作者协会(National Association

---

① 马福云:《美国社会工作者管理制度探析》,《中国社会导刊》,2007 年第 20 期。

② 薛海:《美国社会工作的管理》,《社会工作》,2008 年第 3 期(上)。

of Social Workers,简称 NASW),现有注册会员约 15 万名,是目前世界上最大的社会工作专业机构。其主要职能有:督促会员提高专业素养、制定并实施专业实务的标准、动议社会政策、保护注册会员利益和巩固他们的专业地位。协会制定《社工守则》,并把它作为专业社工的实务指南,其对会员的专业服务监督是通过协会下属的几个委员会来实现的。协会还定期主持召开专业会议,提供继续教育机会,编辑出版专业书籍、杂志和主要参考书。

成员自律管理发挥了职业成员自我管理、自我服务、自我监督的自律、自治作用,为全体社工提供了相对统一的管理和服务。全美社会工作者协会所制定的章程、服务、专业标准等的辐射作用十分明显,基本适用于全美所有的社会工作者。①

4. 美国社会工作专业领域的自律

美国社会工作专业机构较多,为社会工作专业的执业、实务、教育和研究等各个方面提供全方位的规范、管理和引导,成为推动美国社会工作发展的主要力量。

在临床社会工作领域,全美临床社会工作协会联合会(NFSCSW)的会员最低专业学历为硕士,专业兴趣为临床社会工作(如精神健康社会工作、咨询社会工作等),大多就业于社会服务机构或私人注册的服务项目。联合会的主要职责是为其会员提供及时的专业信息,召开专业会议,组织专业培训等。联合会还出版和发行《临床社会工作》杂志,定期出版《保险医疗时事》。

在社会工作研究领域,美国社会工作与研究协会(SSWR)是专门为有研究兴趣的社会工作者(包括实务工作者、教师和学生)服务的机构。机构的宗旨是服务于社会工作研究,通过研究提高社会福利。②

其他一些特殊领域,如儿童福利、精神健康等的管理制度完全由本领域的专门委员会来制定和实施。美国社会工作管理的各项职能和社会工作人才培养的各个环节得到了有效分解和落实。正是由于社会工作者行业协会的参与和规范,使美国社会工作者管理制度有了相对统一性,在相当程度上保持了自治和整合的统一。

综上,美国社会工作者管理制度的核心内容有:

---

① 薛海:《美国社会工作的管理》,《社会工作》,2008 年第 3 期(上)。

② 同上。

(1)管理制度的对象是所有社会工作的从业人员以及从事社会工作实习的准社会工作者。

(2)管理制度是基于对“社会工作者”资格的严密界定而进行的。一是社会工作者的教育条件,明确学制年限和课程内容;二是社会工作者的从业领域,包括儿童福利、老年照顾、精神健康、家庭婚姻、学校、医院、司法及社会倡导;三是个人所应具备的素质和价值观,即职业伦理守则;四是以一定知识和技能为基础的实务工作经验。

(3)美国社会工作者管理主要采取证照或注册的形式,个人通过资格认证、笔试、面试、资深同行推荐等方式获取证照或者注册取得专业认可。而专业认可涉及的可持续性通常采用续照或续证的方式,以继续教育来辅助实现。

(4)美国社会工作者管理制度的建构主体是各州政府与社会工作有关的行业协会,并由政府和协会合作进行实施,其中政府主导立法,保障社会工作者的执业基本水准;行业协会主导职级层次评价,保障社会工作者的执业水平和服务质量。①

第二节　美国的社会工作机构和社会组织

一、美国的社会工作机构

社会工作专业机构是传递社会福利和社会服务的重要载体,也是社会工作者重要的工作场所。在美国,社会工作者主要在两类不同的场所工作,一类是社会工作专业机构,一类是协会。这些组织有公立和私立、宗教和非宗教、营利和非营利的区别。②

(一)社会工作机构的管理层

从内部管理来看,美国的社会工作机构的管理层具有相似的组织结构。

1. 董事会。董事会是机构的决策中心。组成成员代表不同群体的利益,较为多元化。董事会承担着实现组织使命的职责,重大事项须由董事会

① 马福云:《美国社会工作者管理制度探析》,《中国社会导刊》,2007 年第 20 期。

② 朱眉华:《美国社会工作机构的发展经验》,《社会工作》,2007 年第 7 期(上)。

讨论决定。

2. 执行主任。执行主任受董事会聘任，是贯彻执行董事会决议的行政长官，是董事会与专职工作人员间的桥梁。执行主任既要执行董事会的决议，同时又要为董事会决议提供咨询。执行主任是组织内部的最高行政主管，负责专职工作人员的管理与日常业务。一般情况下，执行主任需要具备社会工作的专业背景和丰富的管理经验。

董事会和执行主任是管理的核心，对于组织负有重大责任，并且具有紧密的互动关系。

（二）社会工作机构的岗位设置

在美国社会工作机构中，设立了普通岗位和辅助性岗位。普通岗位除了设立项目经理、志愿者协调主任等职位外，还聘请有经验的人士专门负责筹募资金。直接从事服务的岗位，除了社会工作者之外，机构也聘请心理医生和精神科大夫等不同专业背景的人组成团队，以优势互补，最大限度地发挥各自的特长。辅助性岗位有接待员、会计、文员等。

工作者的年薪一般是按岗位设定的，不同岗位在招聘时就明确了学历、专业背景、工作经验、岗位职责等要求，机构和应聘人员也可以就薪资和福利进行磋商达成协议。每年，机构都会有一些人员的变动，除了受到经费预算和项目变动等因素外，工作者的表现也是一个重要原因。一般说来，社会工作机构在人员管理方面有完善的聘用、培训、评估、激励等制度，在注重提供高品质服务、树立机构形象的同时，还特别注重尊重、平等、关怀等良好机构氛围的营造。①

二、美国的社会组织

美国社会组织体系发达、相关法律制度完善，在社会组织人才策划、开发、培养和管理方面拥有先进经验。作为社会工作的重要就业领域和工作场所，有必要对美国的社会组织进行简要介绍。

---

① 朱眉华：《美国社会工作机构的发展经验》，《社会工作》，2007 年第 7 期（上）。

(一)美国社会组织从业状况

根据美国劳动局统计数据显示,2007 年大约有 164 万个社会组织雇用了 870 万工作人员。2009—2010 年,受金融危机影响,美国社会失业率剧增,但社会组织就业率仍然保持了 1% 的增长。如今,美国社会组织就业总量已达到 1050 万人,占美国就业总量的 10% 左右,预计到 2018 年这一比例将增至 14%。美国社会组织的工作人员中有 82% 为白人,10% 为黑人,5% 为拉丁裔,3% 为其他族群。从性别角度分析,女性在社会组织人才结构中占据较大比例(平均 68%),但男性在较大规模社会组织中担任重要职位的比例更高。①

美国社会的结构较为成熟,社会组织类型多样化,组织层次清晰,几乎涵盖了社会生活的所有领域。除了直接运营并参与社会活动的社会组织外,美国还有一批为社会组织提供专业培训、咨询、扶持服务的机构,为社会组织人才向高技能、专业化发展提供了广泛丰富的职业培训资源和平台。人才职业化和专业化是美国社会组织开展活动的必要保证,也是社会组织获取公信力的必然要求。

(二)美国社会组织的人才来源

美国社会组织的人才主要有以下来源:

1. 在公共卫生、国际关系、医疗、社会工作、工程、政治科学和传媒等领域深造的人才。

2. 高度专业化,经过训练并持相关专业证书的专业人员(社会工作协会会员)。

3. 在政府部门或企业界具有较高声誉、较大影响力的人群(高级管理者或顾问)。

4. 掌握多种语言,拥有广泛游历经历,在国外生活或工作过的人。

5. 在特定事件所处地区或环境工作过,对其特点及事件影响力有充分了解的人。

6. 主动性和参与感强,常常参加志愿活动的人。

7. 对特定服务人群及相关组织有极强奉献精神的人。

---

① 郁建兴:《美国社会组织的人才培养模式和经验》,《中国社会组织》,2013 年第 1 期。

（三）美国社会组织的招募

美国社会组织的人才招募主要有两个渠道，一个渠道是传统的实体招募；另一个渠道是非实体招募。

实体招募的方式有：

（1）校园招聘；

（2）在全国人才市场招募；

（3）在职员工推荐；

（4）在职实习生续约；

（5）与其他社会组织共同招募。

非实体招募的方式有：

（1）在招募网站上发布信息；

（2）在相关专业期刊中刊登广告；

（3）在相关非营利组织期刊上刊登广告；

（4）新媒体广告；

（5）地方报纸刊登广告。

在全球网络化的时代背景下，美国社会组织在应用传统招聘手段的基础上，越来越多地运用网络招募的方式，向全国及全球执业申请者及志愿者开放信息和申请平台，以提高人员招募效率，提升人才契合度和质量。以Idealist为例，这是美国社会组织用以发布信息、申请者普遍关注的大型招募网站，涵盖了全世界范围内75809个社会组织的7171个及时更新的就业机会，16025个志愿者机会，6210个实习机会和1313个公益项目信息。①

① 郁建兴：《美国社会组织的人才培养模式和经验》，《中国社会组织》，2013年第1期。

第三章　美国社会工作者的职业状况

社会工作在美国已有百余年的发展历史，是一个趋于成熟的专业，对美国社会的安定和谐作出了突出贡献。这当然离不了社会工作者的不断努力。随着社会对服务需求的日益攀升，美国社会工作者的数量不断增加。据美国联邦政府数据显示，截止到2012年，美国共有社会工作者60.73万人在社会福利和社会服务领域开展工作。按人口计算，约500人就有一个专业社工，其社会工作已经完全具备了职业化的特征。近年来，社会工作就业率增长迅速，超过了全国就业率的平均增长速度。总体来讲，社会工作在美国是一个健康成熟的职业，已经深深融入到美国民众的生活之中。

随着社会服务内容的日益复杂化以及社会工作教育的蓬勃发展，美国社会工作者的社会地位得到相应的提高，工作条件得到改善。这一方面促进了社会工作者自身发展的积极性和素质的提高，另一方面也进一步提升了社会工作服务水平，促进社会福利的发展。目前美国社会工作者广泛就业于社会福利与服务的各个领域，涵盖了儿童、家庭和学校社会工作；医疗和公共卫生社会工作；精神健康和药物滥用社会工作；以及其他领域的社会工作。社会工作的服务对象和内容仍在不断延伸和拓展。

从目前美国社会工作的职业状况看来，未来社会工作职业的发展过程中可能会出现职业准入门槛不断提高、城乡发展不平衡等现象，这些还有待于社会工作界进一步的研究和努力。

第一节　美国社会工作者的角色和地位

美国社会工作是由志愿服务发展而来的，很多早期的社会工作者是由志愿服务人士经过培训转变的。可以说，美国的社会工作者经历了一个由半专业向专业的转变过程。1955年,全美社会工作者协会的创立,对社会工作者的专业方向和专业身份的发展作出了重大贡献,可以说是迈出了具有转折意义的一步。该协会通过其员工和各委员会的努力,使从业人员、教育工作者、普通民众和学生认识到社会工作是一个十分重要的专业,需要最优秀的人来从事这一工作,他们要正直、有成熟的人格并接受专门的专业训练。协会有力地协助社会工作者认同自己的专业,并让本行业之外的人士了解社会工作者的角色。

一、社会工作者的角色

美国社会工作者协会对社会工作者的界定是:"毕业于社会工作学院,运用他们的知识和技巧为个人、家庭、社区、组织和社会提供社会服务的人员。社会工作者帮助人们提高解决问题的能力,帮助他们获得所需要的资源,促进个体与人们及其环境的互动,促使组织负起对社会的责任,影响社会政策。"①

社会工作者在助人活动中充当着重要的角色,起着主导性作用。他们不仅是直接服务的提供者,也是案主的支持者、倡导者,还是资源的协调者和政策影响者,等等。

1. 服务者

社会工作者最基本的角色之一便是向案主(工作对象)提供社会福利服务。这里的社会福利服务是广义的,既包括提供物质、资金等方面的服务,也包括心理、精神、教育层面的服务等。

2. 支持者

社会工作者同样是一名支持者,凭借自己的专业知识、技能,从客观的立场,给予案主心理上的支持和关心,帮助案主正确地分析、评估个人的处境和问题,向案主提示思考、解决问题的方向和思路,实现社会工作"助人自助"的宗旨。

---

① Robert L. Barker, The Social Work Dictionary, NASW Inc, 1987, p. 155.

3. 倡导者

社会工作者经常充当为工作对象采取一定行动的倡导者。当通过客观、全面的分析,发现只有采取一定行动才能帮助案主尽快摆脱困境时,社会工作者就应当向案主积极倡导此种行动,并给予引导,直到取得实际的进展。

4. 协调者

社会工作既是助人过程的协调者,也是社会资源的协调者。就前者而言,社会工作的过程是一个连续的过程,要使助人过程顺利进行并取得实际效果,显然需要社会工作者加以协调和控制。就后者而言,案主问题的解决往往需要借助各种社会资源。社会工作者通过有效协调,使案主得到这些必需的资源,以解决问题、摆脱困境。

5. 影响者

社会工作者也是社会政策的影响者。案主问题的出现,既有个人层面的原因,也有社会层面的原因。因此,案主问题的解决就不仅是通过微观层面的直接服务能彻底实现的,往往还需要宏观层面的社会政策的配合。社会工作者应当将其工作经验、教训、发现反馈给政策制定者,促进社会政策的修正和完善①。

二、社会工作者的社会地位

20世纪初社会工作刚开始扎根的几十年,曾遭到了许多人的严厉抨击。有些人宣称社会工作是完全错误的,因为它泯灭人的独立性。还有少数人认为社会工作就只是向穷人派发救济品,是临时性的。

随着社会工作专业的逐步成熟以及服务质量的逐渐提高,人们对社会工作的认可度不断上升。近几十年,公众对社会工作者的态度发生了很大改变。现在大多数公众都把社会工作视为一个实实在在的具有服务功能的专业,成千上万的个人、家庭和社区从社会工作服务中获得了益处,社会工

① 李迎生:《社会工作概论》,中国人民大学出版社2004年版,第22页。

作者在大众心里有了良好的口碑。社会工作者正在渐渐地、脚踏实地地向着拥有更高的职业声望和地位迈进。薪水的增加、工作条件的改善以及一定的福利津贴,都证明了社会工作者社会地位的提高。现在大多数社会工作硕士毕业生的年薪都在25000美元至30000美元之间,大致有10年工作经验的人年薪会达到30000美元至50000美元①。丰厚的工资收入吸引了更多优秀的年轻人投身社会工作事业。这会形成一个良性循环,提升社会工作这一职业的声望和地位。随着薪水的增加,更出色的人会申请接受社会工作训练,从而为社会工作服务带来更好的成效。

目前美国政府机构、教育组织、工商企业和私人机构都对社会工作者委以行政上的要职,更加提高了社会工作者的地位。自20世纪80年代中期开始,社会工作者被邀请作为专家证人出席法庭听证会。他们被邀请来陈述对案件的意见,并常常会影响对案件的定性或判决。在专业上他们对人及其行为的了解受到前所未有的尊重。这足以证明社会工作者地位的提高,并有迹象表明未来社会工作者的地位会比以往或现在的地位要更高一些。

三、社会工作者的就业

据美国政府的统计,2005年美国社会工作者总人数为56.2万人,2008年升至64.2万人,2012年为60.73万人。美国劳工部预测,从2012年到2022年的10年间,社会工作者总人数将达到72.15万人,增长率将达到19%,高于美国其他职业的平均就业增长率。具体数字见表3-1。

表3-1 预计2022年美国社会工作者就业人数及增长率表②

职业类别	2012年就业数(人)	预计2022年就业数(人)	增长数(人)	增长率(%)
儿童、家庭和学校社工	285700	328800	43100	15
医疗及公共卫生社工	146200	185500	39300	27
精神健康与物质滥用社工	114200	140200	26000	23
其他类社工	61200	67000	5800	9
合计	607300	721500	114200	19

资料来源:美国劳工部网站。

① 李迎生:《社会工作概论》,中国人民大学出版社2004年版,第409页。

② 数据来自美国劳工部网站,个别数据进行了重新计算。

从上表可以看出，医务社工的发展非常迅速。从美国劳工部预测的数字可以看出，到 2022 年，医疗及公共卫生、精神健康与物质滥用两个领域就业人数比 2012 年增长 65300 人，医务社会工作者就业人数的增长率独占鳌头，高达 50%。以精神健康与物质滥用领域为例，由于美国对药物滥用者政策的改变，使原本应该判刑入狱的人改为监外治疗，药物滥用治疗中心需要增加专业的社会工作者。①

另外一个非常引人注意的领域，就是老年社会工作对社工的巨大需求。这与美国社会逐步步入老龄化密切相关。第二次世界大战后美国婴儿潮时期出生的大量人口，现在已步入老年，给社会带来很大压力，也造就了老年社工的就业机会。拥有老年医学或老年学背景的社工就业非常乐观，在社区服务中尤其明显。

美国联邦政府对社会工作的发展做出的预测显示，在城市以外的地区，社工有许多很好的就业机会。如何吸引和保留有资质的团队以满足社会发展的需求，是下一步需要考虑的问题。近年来，美国社会对社工服务的需求不断上升，许多社工机构都因接受了大量的委托而倍感人手不足。从总体来看，美国社会对于社工的需求仍然很大，并不断增长。

第二节　美国社会工作者的工作情况

一、社会工作者的入行资质

美国社会工作者入行的首要条件就是学历要求。最低的入行学历是本科，绝大多数职位要求具备硕士学历，拥有博士学位的社工大都从事专门的教学或研究工作。

入行资质的第二个条件就是执照或证书的要求。最常见的是各种临床社工执照，如家庭婚姻治疗师执照或物理治疗师执照等。要获得此类执照，社工必须在临床实务领域里在督导的指导下实践两年，或服务满 3000 小时，而且考察的重点在沟通技巧、职业伦理和对多元文化的敏感性方面。具有硕士学位并在毕业后从事实务两年以上的社工，可根据自身的条件和实务

① 童小军：《今日的美国社会工作》，《中国社会报》，2007 年 3 月 12 日，第 004 版。

需要，申请由全美社会工作者协会设立的“持证社会工作者”、“合格临床社会工作者”和“临床社工证书”等。这些证书或执照是专业的信誉保证。一些机构，如一些医疗保险公司，只认可持有上述某种证书或执照的社工为其投保人提供服务，并付给社工报酬。因此，在美国，根据应聘社工拥有的学历、实务年限和持有的证书或执照就可以判断出其专业水准。

美国的社工入行标准也是个逐步发展的过程。在20世纪60年代，开展“大社会运动”时，由于急需社工人才，曾吸收了大量各种学历、不同学科和资历的人来做社工。1973年，全美社会工作者协会根据当时从业社工的学历、资历和工作职责，对美国的专业社会工作者进行了专业权威排名。每个层次的社工所承担的责任、专业服务的标准有所区别。具体排名顺序（职位由低到高）如下：

1. 准社会工作者，包括社会工作助理（高中学历）、社会工作技师（社区大学或专科学历）。

2. 专业社会工作者，包括本科学历社会工作者、硕士学历社会工作者、持照（或持证）社会工作者、社会工作高级人才。

美国社工专业发展到现在，不再有准社会工作者群，只保留了专业社会工作者群，排列顺序也大致一样。但每类社工的工作职责和服务标准，一直随美国社会的发展而不断变化。①

二、社会工作者的工作环境

美国的社会工作职位相当比例是由政府提供的，能占到40%左右；民间或非政府职位多由独立的或承接了政府项目的大型机构提供，比如保险公司里的社工。个体社工职位多为临床社工职位，最常见的是心理治疗师。心理治疗师通常是兼职的，他们往往在医院或正规机构还有一份工作，依靠这个工作获得医疗保险和养老保险。

社工职业有全职和半职之分，两者的比例通常在3∶1。一些社工可能在不同的两个机构作兼职。全职社工每周工作40小时，半职的工作时间少于40小时，比较灵活，可以每周20小时，多一些或者少一些都可以。

---

① 童小军：《美国社会工作者的入行资质和工作环境》，《中国社会报》，2007年4月9日，第004版。

社工人员的工作时段和场所也不是固定不变的。由于工作对象方面的原因,比如受助对象对服务的抗拒、不合作或消极态度,社工人员往往无法正点上下班,晚上或周末上班也是常有的事情。办公室是社工工作的主要场所,但跑外勤的时间也不少,比如看望受助人、协调服务和受助各方、出席各种会议、现场处理各种突发事件等。也因为办公时间及地点的灵活性,几个社工合用一个办公室的现象也很常见,临床社工中这种情况尤为突出。

尽管美国的社会工作者队伍庞大,但许多社工服务机构中都存在人手不足、工作繁重的现象,社工的工作压力普遍较大。但绝大多数社工都为自己的职业感到骄傲,同时他们也认为社工是一份需要投入情感和精力的职业。①

三、社会工作者的职称

根据社会工作者承担的任务的不同,可以把社会工作者划分为“儿童社工”、“学校社工”、“医院社工”等,这些都是媒体和学界为区分不同任务的社工而使用的名词,并非从业者的职称。根据学历的不同,社会工作者被赋予了不同的职称或头衔。日常工作中,社会工作者大多是以职称差异来相互区别的。

社会工作者的职称头衔是与其学历挂钩的。根据受教育的不同程度,可以将社会工作者的职称划分为四类:

一是 BSW,即获得学士学位的社会工作者。只具有学士学位的社工所能找到的工作极为有限,一般是给高级社工做助理,或者是做一些最基本的资料收集、查阅工作。由于基本不能独立工作,他们几乎没有机会使用职称。

二是 MSW,即获得硕士学位的社会工作者。现实中,美国大多数的社工岗位都需要具备硕士学位。硕士生是美国社工队伍的主力军。这些社工有资格承担具体的工作任务,面对面地与工作对象打交道,帮助案主解决问题,发挥社会功能。其中有很多人有机会晋升为机构督导或项目主管,或者承担行政管理工作。这些社工在签署与工作有关的文件时,都会在签名前

① 童小军:《美国社会工作者的入行资质和工作环境》,《中国社会报》,2007 年 4 月 9 日,第 004 版。

注明 MSW。

三是 LCSW,即具有执照的临床咨询社会工作者。这类社工比较特殊,他们可以独立地开展咨询服务,向患有精神疾病的人群提供服务。他们可以自己开诊所,也可以服务于特定的机构。但从事咨询的社工必须拥有政府颁发的执照,否则不能开业。对于申请执照的条件各州都有明确的规定,一般说来,要求申请者必须具备硕士学位,并且在高级社工或心理医生的督导下进行两年或3000 小时的咨询实践。某些州对于社工执照作了更为详细的划分,包括:(1)LICSW,拥有执照可以独立开展门诊的社工;(2)LCSW,拥有执照并经受培训的社工;(3)LSW,拥有执照的社工;(4)LSWA,拥有执照的社工助手,等等。

四是 DSW,即获得博士学位的社会工作者。获得博士学位的社工基本都在大学内从事教学或研究工作,很多人同时在政府或其他组织内作为顾问进行兼职。这部分社工很少进入一线的业务工作。①

四、社会工作者的工作待遇

根据美国劳工部的统计数据,截止到 2012 年 5 月,社会工作者每小时收入中间值为 21.25 美元,年均收入的中间值为 44200 美元,远高于其他职业劳动者。②

根据美国劳工部的统计数据,2012 年美国劳动者的年收入为 34750 美元;律师、社区和社会服务等专家年收入为 40400 美元;社会工作者的年收入为 44200 美元。社会工作者的收入情况不仅高于美国普通职业劳动者的收入,还要高于律师等传统高薪职业。当然,在社会工作者中,从事不同领域、不同层次的工作,收入也有一定差距。按年收入中间值计算,收入最低的10% 大约在 27450 美元,而收入最高的 10% 大约在 72980 美元。

按照美国联邦政府确定的社工分类,以平均年收入中间值为例,2012 年不同工种的社工收入大致情况如下:

1. 儿童、家庭和学校社工,平均年收入中间值为 41530 美元,具体收入分布如下:

---

① 陈鲁南:《当前美国社工职业状况》,《中国社会导刊》,2007 年第 12 期。

② United States Department of Labor, Bureau of Labor Statistics. http://www.bls.gov/ooh/community - and - social - service/social - workers.htm#tab - 5

服务内容和机构	收入水平(美元)
教育服务(州、地方和私有性质)	54590
州、地方政府(不包括教育部门和医院)	44370
卫生保健和社会援助	36130
社会组织(包括宗教类、资助类、民间专业化组织和类似组织)	35910

2. 医疗与公共卫生领域的社工,平均年收入中间值为49830美元,具体收入分布如下:

服务内容和机构	收入水平(美元)
医院(包括州、地方和私有性质)	56290
流动卫生保健服务	51580
护理和居住照顾	43330
社会援助	38920

3. 精神健康和物质滥用领域的社工平均年收入中间值在39980美元,具体收入分布如下:

服务内容和机构	收入水平(美元)
医院(州、地方和私有性质)	47880
流动卫生保健服务	39840
护理和居住照顾	34950
社会援助	37170

4. 其余各类社工的年均收入大约为54560美元。

第三节 美国社会工作者的工作领域

美国联邦政府根据社会工作者具体工作领域的不同,将之划分为主要的四大类:儿童、家庭和学校社会工作;医疗和公共卫生社会工作;精神健康和物质滥用社会工作;其他领域的社会工作者,主要包括政府雇员、高校教师和研究人员等。截至2012年,美国社会工作人员分布情况是:儿童、家庭和学校工作领域占到47%,医疗和公共卫生领域占到24%,精神健康和物质滥用领域占到19%,其他领域占到10%。[1] 见图3-1。

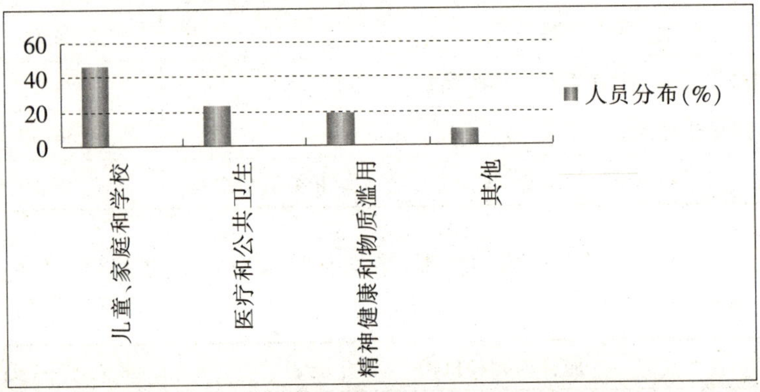

图3-1 2012年美国社会工作者四大领域分布比例图

一、儿童、家庭和学校社会工作

参照2012年的统计数据,这类社工美国拥有28.57万人,约占全美社工的47%。他们的工作对象主要是儿童、老人和家庭,工作场所常常为学校(包括幼儿园)、社区(社区中的老人院、服务中心等)和某些公共机构(如收养组织、儿童保护组织、婚姻咨询所等)。他们的工作是为了帮助工作对象挖掘自身潜力,克服面对的困难或解决问题,更好地发挥其社会功能。换句话说,这类社工的工作目的是为了使家庭和睦幸福、儿童健康成长、学生学业顺利、老人安享晚年。

这类社工的具体工作任务包括:

1. 帮助家庭收养孩子。社工负责对收养人的抚育能力进行调查,包括职业品行、收入状况、教育背景以及有无犯罪史等,还需要通过他人(如邻居、同事)了解收养人更详细的资料。然后,由社工对申请人作出有无收养资格的证明。等孩子到达收养家庭后,社工还要定期做访察,并有权终止不良收养关系。

2. 帮助被遗弃或被虐待的孩子寻找寄养家庭。美国的儿童保护法案相当严格。如果一个家庭内发生殴打、禁闭儿童,或者对其进行精神虐待,任

① 资料来源:美国劳工部网站。如果无特殊说明,本节数据均参考美国劳工部2012年的统计数据。

何目击者，如邻居、老师或路人都有义务报警。法庭在确认虐待属实后，立即将儿童与家庭隔离。这样，儿童将会暂时被送到其他家庭。如何寻找合适的寄养家庭，是社工的职责。

3. 为老人提供服务。许多社工在学习专业课程的同时，也会接触或研究老年学。他们向老年人及其家庭提供服务，在许多问题上给予专业指导，比如如何选择医疗机构，如何处理饮食、出行等生活细节以及如何处理家庭中的伦理关系等。一般情况下，老人院都会有专业的社工提供帮助。

4. 帮助学校处理学生的行为偏差。美国的学校，特别是在高中，既无班级更无班主任，社工承担了几乎全部的学生管理工作。社工帮助学校处理学生的旷课、逃课、厌学甚至早孕等问题。另外，由于美国学校一般把残疾孩子和正常孩子放在一块培养，因此社工还要负责对残疾学生的特殊照顾。

5. 提供婚姻或家庭关系的咨询。

6. 向公司的雇员提供咨询服务。这类工作是在近几年发展起来的。许多公司同社工机构建立合作联系，由专业社工定期向公司员工提供咨询，帮助他们处理工作压力或是影响工作的个人问题。①

二、医疗和公共卫生社会工作

这类社工美国大约有 14.62 万人，约占全美社工的 24%。医疗和公共卫生领域的工作者主要在医院、护理所等医疗机构工作，为个人、家庭及困难群体提供心理上的支持，帮助他们应对各类疾病和绝症。服务不仅包括给病患及其家属提供辅导，还包括病患住院和出院后的各种安排，从饮食安排到医疗器械的到位等。在许多医院中，社工与医生、护士、专家一同组成工作组，对重症病人进行医治。

三、精神健康和物质滥用社会工作

这类社工美国约有 11.42 万人，占社工总数的 19%。这类社工的工作对象相对比较清晰，是患有精神疾病和有物质滥用的人。物质滥用是一个专业术语，通俗地说就是酗酒、吸烟、吸毒或对其他药物有严重的依赖。社

① 陈鲁南：《当前美国社工职业状况》，《中国社会导刊》，2007 年第 12 期。

工一般在专业机构或公共机构（如戒毒所）内供职或独立开设精神健康诊所。通过个人与群体诊疗、危机干预、社会调适、生活技能培训等工作方法，帮助服务对象解决问题、回归社会。进行精神咨询服务的社工一般都必须考取执照，有时也被称为临床社工（clinical social workers）。心理医生虽然也提供类似的工作，但社工与他们的区别在于：心理医生更注重个体的因素，而社工更关注个人与环境、资源的关系。最明显的区别是心理医生可以进行药物治疗，而社工则不可以开任何处方。

四、其他社会工作者

这类社工美国共有6.12万人，约占全美社工的10%，包括政府雇员、高校教师和研究员等。他们主要是间接的社会工作实务工作者，如项目策划者、政策制定者等。他们的主要任务是通过政策分析、项目策划和规则制定，为直接社会工作开展创造有利条件。重大社会问题的发现和界定通常是由他们完成的，并根据实际情况提出合理的立法建议和解决问题的办法。通常他们还会参与项目或政策资金的募集活动，为项目或政策的可行性创造条件。

第四节　美国社会工作职业的发展趋势

美国社会对社会工作服务的需求不断增长，这也催生了美国社会工作职业的蓬勃发展。从前面几节的内容可以看出，美国的社会工作职业呈现出四个显著特点：

1. 大约90%的工作岗位是在社会服务与社会福利领域，并且绝大多数社工是在一线与服务对象直接打交道。

2. 社工专业取得学士学位是进入社工岗位的最低要求。事实上，硕士学位是大多数岗位的最低标准。

3. 社工的就业率近年不断上升，高于全社会就业率增长的水平。

4. 社工在城市中的就业存在竞争。但在城市以外的地区，特别是农村地区，蕴藏着大量的就业机会。

总之，近年来社会工作在美国发展得很快。这是由于社会发展带来了更多的矛盾，也有美国社会自身的原因，比如移民潮和婴儿潮所带来的社会问题。根据当前美国社工发展的实际情况以及美国联邦政府对社工职业的数据统计，我们可以对美国社会工作职业的发展趋势作出以下预测：

（一）职业准入门槛不断提高

一方面，由于美国社会对社工服务质量的要求越来越高以及社工所要面临和处理的社会问题日益复杂化；另一方面，由于美国社会工作教育的不断拓展以及个人对知识和技能的渴求，未来社会工作职业的准入门槛势必会逐步提高。想要从事社会工作行业的在校生，一般都会继续深造，以拿到硕士或博士学位。而已经在业的社工则会在原有教育背景的基础上接受持续教育，提高自身专业素质，适应不断变化的社会现实。社工就业将会存在严峻的就业竞争，只有教育背景良好、专业素质合格的人才能成为一名社会工作者。

（二）职业发展的城乡不平衡

美国社会工作首先是在城市发起的，与城市的经济文化条件优越有关，也与城市中存在的社会问题有关。因此，美国社会工作者大多是在城市中就业的。但是，随着社工人才的不断增加，城市社工就业将存在严峻的竞争形势。因为培养社工人才的院校大多在城市，专业服务机构也都在城市开展工作，因此大部分的社会工作者都囤积在此。

而在城市以外的很多地区，就业机会很多，却难以吸引和保留有资质的团队。在农村，社会工作发展呈现出三个特点：第一，没有新的服务项目，而旧的服务项目无法根据农村社区的实际需要进行改进和更新。第二，专业人员数量的减少。因为资源匮乏，专业社会工作者得不到新生力量的补充，无大学学历的社工人员在农村社区并非罕见。第三，虽然现在有的项目中相当一部分服务设施建在农村社区，却并不直接服务于农村居民。职业发展的城乡不平衡，这在一定程度上会造成人才资源的浪费，不能发挥社会工作者的应有功能。

总之，社会工作在美国已经发展成为了一门相对比较成熟的专业和职业，在儿童、青年、中年以至老年人中间，它的工作都深得人心。当然，其在未来的发展过程中难免会出现一些问题，但只要坚定为社会服务的理念，坚持其价值原则，社会工作将会发挥更大的作用。

第四章　美国社会工作教育

社会工作教育是社会工作专业体系的一个重要组成部分，是推动专业发展与专业化进程的基本手段。美国社会工作教育开始于19世纪末20世纪初，它的出现反映了社会对社会工作的需求，也反映了社会工作职业对专业教育的需求。特别是1877年纽约慈善组织协会的成立，直接催生了美国社会工作教育。

美国社会工作教育的发展是一个不断探索的过程。慈善组织协会开办的暑期培训班，可以说是美国社会工作教育的萌芽。随着慈善服务的继续拓展以及社会对服务质量要求的逐步提高，短期培训越来越难以满足需求，于是出现了正规的社会工作大学教育，各种专业教育机构相继成立，社会工作教育专业化程度日益提升，社工教育步入正轨。近年来，随着美国社会问题的日益复杂以及社会工作专业发展的相对成熟，社会工作教育也并未停止其调整和完善的步伐。越来越多的社工院校开设博士教育课程，进一步提高了美国社会工作者的专业素养。同时，持续教育在美国也备受认可。很多在业的社会工作者为了适应不断变化的社会现实，大都选择持续教育的方式来提升自己，进一步促进了美国总体社会工作服务质量的提高。

美国社会工作教育发展至今已走过了百余年的历史，形成了比较成熟完善的教育体制。培养模式、课程设置以及师资结构等方面都形成了其独有的特点，为美国社会工作的发展提供了有力支撑，进而为美国社会作出了巨大贡献。

第一节　美国社会工作教育发展的背景和历程

社会工作教育的发展同社会工作专业的发展一样，都是应社会需求而发展起来的,同时社会工作专业本身的需求也催生了社会工作教育的发展。美国的社会工作教育是在社会工作专业化、职业化的发展过程中适应专业发展要求而发展起来的。社会工作专业源于早期的以志愿者为主体的慈善救济活动。而从志愿的慈善救济活动到专业的社会工作的转变,人们通常以社会工作教育、训练作为社会工作专业的出现标志。

一、社会需求与职业需求

从根源上说,社会工作教育的发展源于社会发展对社会服务需求的增加。随着社会的发展,社会问题也不断复杂化。贫穷、失业等问题的出现,使得美国社会对社会服务的需求不断上升,单纯的慈善救济不可能解决问题,原有的仅凭经验和热情的慈善服务难以满足社会的需要。社区作为人们生活的基本单位,承担着解决人们基本生活问题的重任。社区需要受过培训的工作人员来执掌数十亿美元的人类服务系统,他们必须具备一定专业能力、能够用专业手段解决问题。社会发展要求,助人解决个人和社会问题的工作必须由有专业能力的、服从严格的责任制要求的人来做①。社会工作教育正是培养符合要求的专业人才的重要途径。

与此相伴随的是社会工作职业本身的发展。社会工作本身旨在解决社会问题、促进个人成长。随着社会的发展,社会问题日益多样化、复杂化,社会工作在解决问题的过程中难免会遇到一些困难,仅靠原有的未经过专业培训的慈善志愿者不能满足服务需求,并且会造成服务质量的下降。因此需要发展社会工作教育,培养社会工作专业人才,在社会工作专业价值理念的指导下,运用社会工作专业技巧和手段解决面临的新问题、新情况,以提高服务效能。

二、直接推动力量——慈善组织协会

失业、贫穷等社会问题一开始就与美国同在。人们强调个人及家庭的责任,遇到困难和问题也多由亲戚、朋友、邻居或社区志愿者等提供帮助。

① [美]O. 威廉姆·法利、拉里·L. 史密斯、斯科特·W. 博伊尔著:《社会工作概论》(第九版),隋玉杰等译,中国人民大学出版社 2005 年版,第 32 页。

虽然一些志愿人员建立起慈善组织，但志愿人员依然是助人或服务工作的主体。19 世纪中叶，一些由宗教人士组织的旨在帮助穷人的志愿机构如雨后春笋般蓬勃发展起来。为了协调各志愿机构的工作，1877 年，纽约慈善组织协会（Charity Organization Society，简称 COS）成立，雇用经过训练的专门人员提供社会服务。正是这类有薪水的工作需求给社会工作的职业化带来了发展契机。

为了使得这些受雇人员更具服务技能，慈善组织协会提倡对服务机构的员工进行"慈善的基本理论与实践"的训练，认为只有通过专业的训练，服务机构才能够胜任特定的工作，这是社会工作教育诞生的直接动因。通过慈善组织协会的努力，1898 年首个社会工作教育课程问世，招收 30 名学生，培养专职工作人员，有人把这一时期的社会工作教育称为"慈善工作者"学校，标志着社会工作教育的萌芽。因此，慈善组织协会是推动美国社会工作教育诞生和发展的直接力量之一。

三、社会工作教育的发展历程

社会工作教育诞生后，开始了漫长的探索和完善的发展历程。由此，美国社会工作教育进入其发展的初级阶段。

（一）社会工作教育的初级阶段

1. 教育形式——短期培训班

美国社会工作教育产生伊始采用的是短期培训的教育形式。典型代表是纽约慈善组织协会组织的针对社会工作从业人员的为期 6 周的暑期培训班，这算是美国社会工作教育微小的开始。在发展过程中，人们日益发现培训是十分必要的。原因有三点：第一，当时的社会科学已经成为一门学科，在大学里开始有此学科的教育，这促使人们对社会问题的研究越来越严谨，引发更多对社会领域的研究。另外人们对应用科学的研究也萌发了一点兴趣。第二，美国当时成立了国家慈善总会，慈善总会在当时团结了大部分志愿机构，同时他们需要对实际工作做出回应，因为他们的工作越来越系统。但是，他们发现机构人员往往未经过培训，工作效能普遍不高，于是开始重视培训，希望能为工作人员提供一些训练，以提高服务质量。第三，当时许多私立女子大学在美国成立。19 世纪末,美国妇女地位低下,在家做家庭主妇。由于有了女子大学,而且生源多是来自较好家庭背景的女孩,那么当她们毕业后,就不甘于留在家庭里做主妇,更希望到外面就业,而她们就业的最好出路就是慈善业方面的工作(比较适合她们的身份与地位)。这些人很有水平,也很有影响力。这显示出接受教育是培养专业素质的重要保障。这几个因素综合起来推动了美国社会工作教育的初级探索。

暑期慈善培训班在当时发挥了巨大作用,对在业的服务人员进行的实务培训,提高了他们的工作效能,提升了服务质量,促进了美国社会工作的发展。直到 1903 年,培训方式变成为期 6 个月的冬季培训班。

2. 培训内容——以职业为导向,注重实务

暑期慈善培训的目的就是在短时间内对在业的服务人员进行专业化的培训以提高服务质量,这决定了这种短期培训的内容必须是以职业为导向,更加注重实务训练。随着培训次数的增加,慈善组织协会发现短期培训虽然有效,但比较零散、不够系统,不利于整体专业的提升。他们希望长期的、比较系统的训练能开展起来,后来他们建议一些大学开办社会工作系统的培训课程。当时在大学里面的培训是从研究生层次开始的,他们从应用科学出发来考虑,认为如果有了好的教育背景,再参加培训,能力会更强。另外一个原因就是当时需要培训的人,大都具有了大学本科学位。直到 1904 年,培训学校改名为纽约慈善学院,学习期限改为一年。1910 年学习期限延至两年,学院改名为纽约社会工作学院。这标志着美国社会工作教育开始进入专业化提升阶段。

(二)社会工作教育的专业化提升阶段

1. 社会工作专业化的要求

1915 年后,美国社会工作进入专业化阶段。对社会工作专业属性的疑虑,促使社会工作成为一门专业的努力开始呈现。医疗、精神健康以及社区服务等领域内的社会工作组织蓬勃发展,社会工作专业伦理守则开始建构,社会工作专业形象及专业工作方法也开始形成。由于美国社会工作是从慈善性的志愿服务发展而来的,因此其专业化的第一步就是将志愿者或愿意从事慈善服务的人训练成为有专业知识技能的专业人士。因此,教育培训

成为美国社会工作专业化初期的首要任务。社会工作教育作为一个重要的支撑和保障,由早期着重于实务机构的训练模式,开始转变为学院及大学的教育训练,因为其他领域的专业人才都是从大学等学术机构中培育出来的。

2. 教育标准的制定和完善

美国社会工作的专业化是一个不断探索完善的过程,社会工作教育的专业化也一样。社会工作专业化,其中最重要的一点是社会工作者的专业化。由于美国的社会工作最初是以志愿服务的形式发展起来的,服务人员大多是一些有爱心的志愿人士,他们的专业素养、技能不高,在一定程度上影响了社会工作专业化的发展。因此,社会工作专业化首先要把"社会工作者"专业化。社会工作教育是培养社会工作者的主要途径,首要工作应该进行必要的专业化提升。对于专业社会工作者需要具备什么样的资格,也就是说教育标准是什么,美国社会工作界进行了一次又一次的探索。

1939年,美国社会工作学院协会(American Association of Schools of Social Work, 简称AASSW)仅认可大学后经过两年研究教育训练的学生为专业社会工作者。其后,社会工作专业组织进一步发挥其整合社会工作、推进社会工作专业化的作用。1952年,美国的社会工作教育委员会(The Council on Social Work Education, 简称CSWE)成立,并确认两年的硕士教育是社会工作专业教育的最低要求。1955年,此前成立的各种不同社会工作领域的专业组织整合成立全美社会工作者协会(National Association of Social Workers, 简称NASW)。其章程规定,要成为社工协会会员,必须毕业于经社会工作教育委员会认证的学校,多数需完成两年的硕士教育。这说明美国社会工作教育制度和从业资格是紧密联结的。在此过程中,对社会工作专业属性的探讨还在继续,受格林伍德(Greenwood)所提出的五大专业属性(系统理论、专业权威、社会认可、伦理守则及专业文化)的影响,协会提出了社会工作的定义,界定了社会工作专业范围,进一步发展了专业伦理守则。同时,协会对于会员专业教育及训练要求也规范了社会工作人才市场,任何与社会工作相关的职务,其任用资格均要求必须首先符合社会工作专业人员协会的会员资格。通过这些努力,社会工作专业地位得到认可①。

---

① 马福云:《美国社会工作管理制度探析》,《中国社会导刊》,2007年第20期。

四、社会工作教育组织的发展

美国社会工作教育的发展是一个不断摸索的过程，总体来说是一个从非正规培训式教育向正规的专业教育逐步过渡的过程。纵观美国社会工作教育百余年的发展历史，其中有三条主线深刻描绘了美国社工教育发展的总体脉络，也就是美国社工教育发展过程中出现的重要教育组织，即美国社会工作院校联合会、美国社会行政院校联合会和美国社会工作教育委员会。

（一）美国社会工作学院协会（AASSW）

夏季“慈善工作者”学校一直开办到1904年，学校改名为纽约慈善学院，学习期限改为一年；1910年学习期限延至两年，学院改名为纽约社会工作学院；1962年该学院并入哥伦比亚大学，即今天的哥伦比亚大学社会工作学院。

19世纪末20世纪初，一所社会科学研究院成立，属芝加哥大学的外围机构。由于从业的社会工作者的努力，该机构成为独立的市政暨慈善学院，后来并入芝加哥大学的社会服务行政学院。在波士顿，哈佛大学和西蒙斯大学共同建立了一所学校；在宾夕法尼亚，费城社会工作培训学校起步。两地的这两个机构现已分别成为西蒙斯大学和宾夕法尼亚大学的社会工作学院。到1919年，美国有17所院校提供社会工作专业教育，这些学校联合起来成立了美国社会工作学院协会（American Association of Schools of Social Work，简称AASSW）。各院校通过它可以“获得承认并交流观点和经验”。最初协会只要求学校开设的培训课程够一学年，并且有大量的实习和课堂训练，就可以成为会员。1932年众多院校开设的最低限度课程依据的是协会的政策，该政策为一年期培训制定了标准，并一直沿用到1944年。此外，协会还提出了社会工作专业的课堂教学和实践教学的内容。由此，正式的社会工作教育的标准建立起来了。

1939年，协会提出，从事专业社会工作的基本要求是硕士毕业。因此，其会员学校也都相继发展成为了社会工作研究生院。但是，这些学校并没有社会工作本科专业，也就是说社会工作教育的起点是硕士研究生。其他各专业的毕业生，只要达到了入学要求，就可以攻读社会工作硕士。

（二）全美社会行政学院协会（NASSA）

1935年，《社会保障法》的颁布可以说是美国社会工作教育发展史上具有重大意义的一个事件。1935年之前，在美国从事社会工作的主要是民间机构，培养社会工作专业工作人员的社会工作学院协会的17所会员学校全都是私立大学。《社会保障法》的颁布使这一情况得到很大改观。政府开始大力资助社会工作，新建了许多社会公共服务机构，需要大量的社会工作专业人才。一些州立大学也陆续开展社会工作教育课程和实践，建立起了一套不同于私立大学的社会工作教育模式：4年本科教育和1年研究生教育。1936年，这些州立大学的社会工作院系成立了另一个组织：全美社会行政学院协会（National Association of Schools of Social Administration，简称NASSA）。这个协会主要负责州立大学社会工作院系的协调和管理，为其会员审批教育资格、制定教育标准以及规定教育内容等，目的是为了培养服务于政府公共机构的社会工作人员。

（三）美国社会工作教育委员会（CSWE）

美国社会工作学院协会和全美社会行政学院协会的建立，极大地促进了美国社会工作教育的发展。但同时，二者分别为各自的会员制定标准，不可避免地引起了社会工作教育的混乱。直到1952年，二者合并形成了美国社会工作教育委员会（The Council on Social Work Education，简称CSWE），并由此成为了负责社会工作教育的主要机构。

社会工作教育委员会的职能包括：教学标准的制定与修改、对新建系科的资格认定、对各类学校进行定期的检查和评估、组织有关社会工作教育的各种会议、出版分发有关社会工作教育的书刊、为申请建立社会工作专业的学校提供咨询、维持与协调全国与地方教育资格认定机构的关系以及参与国际交流与合作等①。社会工作教育委员会只认可社会工作硕士学位，本科毕业生可以在公共服务机构从事一般性社会工作，但没有资格从事专业社会工作，也不能加入全国社会工作者协会。

第二次世界大战以后，美国社会问题日益严重，需要大量的社会工作专业人员。特别是在20世纪60年代，美国掀起了社会工作的热潮，大学生们

---

① 库少雄：《美国的社会工作教育》，《教育理论与实践》，2003年第6期，第16页。

对社会改革的激情和对相关学术问题的兴趣以及政府的反贫穷政策推动了社会工作教育的发展。在这样的背景之下，1962 年，美国社会工作教育委员会制定了一套本科教育的标准。但是直到 1970 年，社会工作教育委员会才承认社会工作本科毕业生具有从事专业社会工作的资格，同时也允许他们加入全国社会工作者协会。这实际上把从事专业社会工作的资格从硕士研究生降到了本科毕业生，引起了人们对社会工作者的素质和社会工作能力的关注①。

第二节　美国社会工作的学位教育和持续教育

在美国社会工作专业化的过程中，高校教育发挥了巨大作用。美国社会工作者的专业化与美国先进的高校社会工作教育体系密不可分。美国高校注意培养从理论到实务、从简单层次到复杂层次的各类社会工作人才。起初硕士学位被视为从事专业社会工作的门槛，是因为社会工作对理论和实务的强调，特别是社会工作处于发展阶段，开创性的工作必须由高级人才完成。但是随着社会对服务需求的增加以及社会工作的日趋规范化，大量的一般性的服务工作需要实务工作者完成。因此，大学本科阶段开始设置社会工作专业，学士学位成为社会工作的门槛。本科学生授予社会工作学士学位（BSW），硕士研究生授予社会工作硕士学位（MSW 或 M. Phil）。MSW 是偏重实务取向的社会工作硕士，M. Phil 是偏重学术取向的哲学（社会工作方向）硕士。博士学位有社会工作博士学位（DSW）或者社会工作哲学博士学位（PHD），博士学位基本上都是研究和学术型的。持续教育为社会工作者的长远发展提供了条件。美国社工教育发展层次由高到低，已形成一套成熟、多层次的社会工作教育体制。②

一、本科教育

针对服务业在人力需求上节节攀升的压力，1970 年，社会工作教育委员会提出了一个方案，批准开办培养社会工作领域实践人才的学士课程。大

① Thomas D. Watts, International Handbook on Social Work Education Connecticut: Greenwood Press, 1995.

② 石瑛：《比较视野下中美社会工作教育体系探析》，《社会工作（学术版）》，2011 年第 5 期。

学本科层次的社会工作课程非常热门,课程数量突飞猛进,越来越多的大学生被授予学士学位,他们被视为专业人士,从事社会福利工作。

(一)教育目标

1. 掌握分析和研究技巧,使学生能批判性地评估美国遭遇的复杂社会问题和争端,包括了解迄今为止前人尝试过的应对这些问题和争端的资源、策略,以便将来自己可以接手处理这类问题和争端。

2. 掌握社会工作实务中解决问题的基本知识、技巧和价值观,使学生毕业后不管职位是什么都能用得上,包括了解:

(1)社会福利领域实际工作背后的哲学和价值观。

(2)社会福利机构及其与其他社会机构和设置的关系。

(3)社会福利政策及政策产生的途径。

(4)社会工作的专业特性。

(5)人的社会性,包括了解人类行为与发展。

(6)同个人、群体和社区一道工作的基本的社会工作处置技术和技巧,包括通过实习课直接参与服务工作的机会。

(二)培养方案

基于上述教育目标,本科社会工作课程所要做的,是尽可能使学生不受约束地接触到许多关心人类福祉和行为的学科和专业,把从相关基础科学和学科中学到的东西融会贯通,并运用到社会福利领域和社会工作专业中。为此,本科社会工作教育的培养方案必须做到:

1. 以某个文科为基础,并与之相融合。该文科要有人文科学、社会科学、行为科学和生物科学方面的知识。

2. 教学内容包括:(1)社会工作实务;(2)社会福利政策及服务;(3)人类行为与社会环境;(4)社会研究。

3. 包含教育性的实习活动,从事具体服务的实习时间至少达到 300 小时,并按投入的时间累计学分①。

---

① Lillian Ripple, Report of the Task Force on Structure and Quality in Social Work Education, New York: Council on Social Work Education, 1974, p. 12.

(三)课程设置

本科教育被认为是专业性的实践教育,其能力培养主要在操作层次。随着服务业对人才需求的大增,本科教育实践课程在各院校发展迅速,课程数量猛增。美国大学本科层次的社会工作选修课程也很热门。目前,美国有417个院校开设了社会工作本科课程,课程数量之多反映了美国社会工作服务的全面性、服务总量的庞大以及人员工作分工的严密性。

本科教育主要是针对直接为工作对象服务的岗位培养学生。这一阶段将传授专业的理念和价值观,并赋予学生各项工作技能。课程包括如何应对遭遇风险的群体,如何提升社会公正和争取资源,以及社会福利政策与服务,人的行为与社会环境之间的关系,社会学的研究范式等。为获得学士学位,学生必须在高级社工的督导下进行至少400小时的实习。

本科社会工作教育通过设立广博的基础性必修课、个性化的学习方案,认真、仔细地协调社会工作的必修课和选修课,使学生能在某个文科、研究、人类行为与社会环境、社会福利政策及服务、社会工作实践技巧和实践经验上打下坚实的基础。另外,课程的实习部分不仅能够使学生有机会整合和内化对实践技巧的理解,而且,使实务界和学院派有机会评估和判断教给学生的东西是否得到拓展,是否得到了运用并转化到了实践中,由此可以形成学习气氛,学生可以把任何不足、恐惧或体会到的教育上的空白拿出来与人分享。本科阶段,实习研讨会和实务系列课程都限定参加学生的人数,以鼓励深层次的交流和形成一个具有支持性的小组氛围,以便产生良好的学习效果。课程还提供同步的、个别化的教育指导,使每个学生都能完成培养方案所意欲达到的教育目标。

二、硕士教育

美国的专业学位教育中,社会工作专业硕士(MSW)是较早适应职业化需求,以就业为导向的硕士教育之一,也是社会工作教育中最早被认可的"职业教育"①。在近一个世纪的发展中,MSW教育逐步探索出了其特有的培养模式,并积累了丰富的经验。

---

① Leon Ginsberg. Social Work Education in the United States. Portularia Vol. V, No 1, 2005:p.45-48.

(一)培养方式和目标

美国有硕士学位授予权的学校在数量上不断扩张。总的来说,美国拥有认证 MSW 教育项目的高校享有较大的自主权,在 MSW 招生和培养方面各具特色。以宾夕法尼亚大学(University of Pennsylvania)社会政策和社会实践学院(the School of Social Policy & Practice)为例,培养方式分为四类:(1)Full - time(Two - Year)MSW Program;(2)Part - time(Three - Year)MSW Program;(3)Advanced Standing Program(Full - time);(4)One - Year Residency Program①。

这四类培养方式的主要区别在于针对不同的入学者。如第一类"全日制",主要针对大学本科应届毕业生,学制两年;第二类"非全日制",主要针对已经工作的、想要获得学位的业余进修者,学制三年;第三类主要针对成绩优秀的本科毕业生,类似于本硕连读,学制一年;第四类主要针对已获本科学位、有两年及以上工作经验的在业社会工作者。从其培养目标上看,美国社会工作硕士教育旨在培养学生从事专业服务的能力和领导才能,其内容包括形形色色的知识、专业技巧和价值取向,是从业人员为个人、家庭、小群体、社区和组织提供服务的必备要件。也就是说,MSW 教育旨在培养高级实践人才。

(二)招生制度

申请硕士学位必须具备本科学历,要有从事社会工作专业实践必备的资质。另外,入学申请审批方式自由度很大,通常考虑两个环节:一是在校时的各科成绩及表现;二是现场面试。一般情况下,硕士学位申请的条件如下:

1. 有超群的能力、特质和人格,并有相关证明。

2. 有证明获得中上等奖学金的学校证书,圆满完成四年大学学业,从得到认可的院校获得学士学位的成绩单。

3. 毕业于艺术类和科学类,以社会科学为重点的、适合就读社会工作专业的本科专业,如社会学、心理学、政治学、社会伦理学、人类学、经济学和教

---

① [美]O. 威廉姆·法利、拉里·L. 史密斯、斯科特·W. 博伊尔著:《社会工作概论》(第九版),隋玉杰等译,中国人民大学出版社 2005 年版,第 38 页。

育学。

4. 有得到认可的本科院校的学士学位①。

社会工作硕士教育院校在其各自的招生工作中，一般会根据总体要求结合自身特点作出相应调整。如密歇根大学(University of Michigan)社会工作学院对入学申请者的要求有四点：一是具有经过认证的院校或机构的本科学历；二是大学期间的文科学习经历，一般要求修习文科课程不少于20学分；三是具有在社会福利方面从业的基本知识；四是能够在社会工作实践领域获得成功的个人资质。总体来说，是要求申请者表现出或拥有潜在的作为一个社会工作领域的学生、从业者和领袖的能力。再比如马里兰大学(University of Maryland)社会工作学院对入学申请者的本科学位、文科课程、各科平均成绩以及相关课程选修等方面也都有具体的要求②。

(三)课程设置

各院校的课程设置有所不同，但培养重点都是不断增加学生的知识，希望学生能够发展自己梳理、拓展、检验、沟通及应用社会工作和社会福利领域知识的能力。学习的核心内容是社会工作理论与实务、研究与设计、社会科学与行为科学理论、社会福利政策与规划和教育理论与方法论。

研究生教育主要是帮助学生毕业后可以选择自己感兴趣的领域深入开展工作，进一步提升工作能力，达到开展咨询门诊、管理案例、进行督导和探索新的服务方式的要求。研究生教育为两年，包括在社工督导下的900小时的实习。如果不是全职学生，一般需要四年的时间才能完成学业。另外，研究生教育特别强调精通第二语言，以适合在多个民族间工作。在课程设置方面，一般来说包括两部分：必修课程和培养方向课程。以密歇根大学社会工作学院为例，研究生攻读方向主要有两个：实践方法(Practice Method Concentrations)和集中实践领域(Practice Area Concentrations)。课程设置也主要分两种：高级进修课程(Advanced Standing Program)和60学分课程(60 Credit MSW Program)。具体课程主要包括基础课程(Foundation Courses)、研究和评估课程(Research and Evaluation Courses)、实习督导(Field Instruction)、选

---

① [美]O.威廉姆·法利、拉里·L.史密斯、斯科特·W.博伊尔著：《社会工作概论》(第九版)，隋玉杰等译，中国人民大学出版社2005年版，第38页。

② 林顺利、兰学莉：《美国社会工作硕士专业学位培养模式及其启示》，《河北大学学报(哲学社会科学版)》，2011年第1期，第70页。

修课程(Electives)四部分。MSW 教育在课程设置方面必须与本科教育相区别,同时也应包括美国社会工作教育协会所要求的以高级方法和实务技巧为主体的基础课程。

(四)师资队伍

美国社会工作教育至今已有 100 多年的发展历史,师资队伍实力雄厚。一般而言,能够从事 MSW 教学的教师必须具有相当于 MSW 及以上的学位,实践课程老师还必须具备至少两年以上的工作经验。硕士阶段要求师生比至少达到 1∶12。美国社会工作教育协会 2007 年的调查数据显示,美国从事社会工作教育的师资队伍中,92.7% 具有 MSW 学位,其中 55.8% 具有社会工作或社会福利领域的博士学位,大约 51.8% 的教师具有与本专业相关的职业资质①。可以说,美国社会工作教育的师资力量是非常强大的,这会大力推动社会工作教育的继续发展。

(五)实践教学

美国社会工作教育协会规定:承担硕士教育的学校必须提供能够显示项目资格和能力的高级实习机会。如密歇根大学通常要求学生完成 912 小时的实习和实践。实践教学一般由具有丰富经验的实习督导来指导,通过实习实践课程来整合学生的课堂知识和实践技巧。

(六)毕业条件

在美国的 MSW 教育中,对在校生的考核主要是关注日常课程的考核,突出职业化导向,并不注重对学位论文的要求。在密歇根大学社会工作学院,要顺利毕业获得学位,一般需要四个方面的条件:(1)总体平均成绩在"B"以上;(2)四年内完成学业;(3)至少两学期在校,每学期修习课程不少于 9 学分;(4)在两个方向上修满 60 学分,修习高级进修课的学生不少于 45 学分。

---

① Council on Social Work Education(CSWE). 2007 Annual Survey of Social Work Programs: Research Brief. http://www.cswe.org/Centers Initiatives/DataStatistics/StudentData.aspx.

三、博士教育

美国社会工作教育发展至今,教育层次不断升级,教育内容日益丰富。目前,美国社会工作教育作为一个专业学位,其深度和广度都有所延伸。从纵向上来看,社会工作教育在原有学士教育、硕士教育的基础上,出现博士学位教育(PHD in social work)。目前许多大学提供社会工作博士教育。虽然博士教育的初衷是培养高级社工专家(有学者认为应该称为DSW),但美国大学普遍认为博士教育主要是培养学术人才,博士毕业生大多从事教学、科研活动。因为博士教育的主要目的不是直接的社工实践,为此,博士教育不受社会工作教育委员会的鉴定,而由各地政府负责鉴定。

美国社会工作人员分为四个层次:社会工作者、研究生社会工作者、证书社会工作者和社会工作研究员。美国社会工作教育的不同层次都有其各自明确的培养目标。本科教育注重培养直接的实务人才,从事的是一些普通的服务工作;研究生教育主要是指硕士教育,特别强调高级实践人才的培养,从事比较复杂问题的处理。博士教育则主要是培养从事社会工作学术研究的人才。社会工作研究员的任职条件是获得了社会工作博士学位,或在一个特殊领域有实质性的证书社会工作者经历。

随着美国社会工作的不断发展、社会对社会工作服务需求的日益攀升和需要处理的问题日益复杂化,社会工作绝不能仅仅停留在提供服务这个层次上,而是要更加注重对本专业进行研究分析、构建理论,从而形成系统的专业体系,进一步推动专业化进程。基于此,博士教育的课程设置不仅注重高级实务的训练,更加注重系统理论的学习,注重理论与实践的综合。目前美国约有80个博士点。

博士教育主要是为发展社工理论、研究社会问题或制定社会政策服务。博士教育一般需要五年。获得博士学位的社工,基本都在大学内从事教学或研究工作,很多人同时在政府或其他组织内作为顾问进行兼职,这些人很少进入一线的业务工作。

博士教育的具体目标是使学生能够:

(1)获得并显示其作为社会工作学者的能力,掌握从事教学、科研、写作和作为社会工作权威发言人所必备的知识、素养和技巧。

(2)对社会工作实践所使用的方法和社会福利服务有深入的了解,研究社会科学和行为科学，评估其与社会工作实践的相关性。

四、持续教育

随着社会工作领域知识的不断丰富，从业人员不能再拘泥于已取得的学位或知识水平，他们需要时时评估自己的价值观、概念、实践方法和思维习惯等，以适应不断更新的社会现实。持续教育（Continuing Education，简称CE）是社会工作教育的重要组成部分。它能够使在业人员有资格去满足不断变化的社会服务需要，让工作者随时准备自我改变。职业资格继续教育可以追溯到1991年，但是多数课程始于2007年[①]。

社会工作专业认为，学位教育只是培养了有入门资格的从业人员。许多没有实践经验的、进入社区学院的人都需要后续教育做知识后盾。这些人都期待社会工作院校和专业组织提供持续教育，以获得专业身份，为自己从事社会工作找到方向和目标。无论是拿到学士学位的还是拿到硕士学位的社会工作者，都不可能不需要继续学习。有学士学位的社工希望能延续自己的教育，不断深造，以迎接新挑战，获得新技巧等。有硕士学位的社工，在工作中会越来越多地跟本学科有声望的人或决策人打交道，也会经常感觉到自己知识和实践经验的缺乏。持续教育是满足这些需求的重要手段。

持续教育是一个由学习群体、相关安排和资源构成的网络，用来改进实际工作和服务的品质。它协助人们形成理念，让人们的头脑对社会工作及其相关学科的发展保持敏锐的洞察力，帮助个人不断尝试新的改变。社会工作是一个开放的、不断变化的系统，它一直在更新、充实和完善。持续教育是社会工作教育的一个主要元素，通过分享实际工作中的研究发现和实证发现，分享来自自然科学和人文科学的新知识，为所有层次的教育课程和实际工作提供后续服务。它是教育课程体系不可或缺的组成部分，飞速发展的专业迫切需要它[②]。

社会工作教育为学生提供了非常好的机会，可以就读本科、硕士和博士课程，以培养不同层次的社会工作人才。教育作为职业的重要支撑，理应走

---

① General Social Care Council. Post - graduating training and the PQ framework. http://www.gscc.org.uk/Training + and + learning/,2003 - 05 - 18/2008 - 06 - 12.

② ［美］O. 威廉姆·法利、拉里·L. 史密斯、斯科特·W. 博伊尔著：《社会工作概论》（第九版），隋玉杰等译，中国人民大学出版社2005年版，第42页。

在社会前沿。随着社会工作在美国社会服务领域的不断拓展，社会工作教育在每一个层次上的内容都有所增加，知识体系更加全面。只有不断拓展教育内容、提升教育层次，才能满足社会发展的需要。

第三节　美国社会工作教育的专业机构

美国社会工作教育在其100多年的历史发展过程中，陆续成立了众多的专业机构以规范、协调社会工作领域的发展。这些专业机构中有全国性的，也有地方性的；有指导性的，也有管理性的。本书将简单介绍一下几个主要的全国性的专业机构。

一、美国社会工作者协会(NASW)

美国社会工作者协会(National Association of Social Workers，简称NASW)，它是于1955年在整合了美国社会工作者协会、美国精神健康社会工作者协会、美国小组工作者协会、美国社区组织研究协会、美国医疗社会工作者协会、美国学校社会工作者协会、社会工作研究社等7个相关专业机构的基础上成立的，现有注册会员约15万名，是目前全球最大的社会工作专业机构。NASW致力于会员的专业成长和发展，创立和保持专业标准，完善合理的社会政策。美国社会工作者协会的主要职责是为其注册会员服务，具体包括：督促会员提高专业素养、制定并实施专业实务的标准、动议社会政策、保护注册会员利益和巩固他们的专业地位。①

协会制定了《社工守则》，并把它作为专业社工的实务指南。对会员的专业服务监督是通过协会下属的委员会来实现的。协会还定期主持召开专业会议，提供继续教育机会，编辑和出版专业书籍、杂志和主要专业参考书，如《社会工作百科全书》和《社会工作词典》。

美国社会工作者协会所制定的章程、所提供的服务、所规定的专业标准是面对协会的注册会员的，但实际上适用于所有的社会工作者。只是注册会员与非注册会员在分享协会资源方面有不同的渠道，遇到付费服务时的付费标准也不同。美国社会工作者协会特别注重社会工作教育课程认证、

① NASW官网，http://www.socialworkers.org/

社会工作者队伍建设和社会工作专业服务能力建设的一致性①。

二、美国社会工作教育委员会(CSWE)

美国社会工作教育委员会(The Council on Social Work Education,简称CSWE)成立于1952年。美国社会工作专业化早期,为了保证全国各社工学院(校)的教育水平和质量,于1919年成立了同名机构,后来改称为美国社会工作学院协会(AASSW)。稍后,美国于1936年成立了另外一个专业社工教育机构——美国社会行政学院协会(NASSA)。现在的美国社会工作教育委员会是由上述两个机构合并而成的。

目前,这个委员会负责制定社工专业教育课程标准。它也是唯一被美国高等教育评估委员会认可的美国社会工作教育评估机构,负责评估美国各大学或学院中的社会工作本科和研究生教育项目。它除了有大约400个本科和研究生教育的项目会员外,还有3500多名由社工专业教育者、学生、管理人员和实务人员组成的个人会员。该委员会每年主办年会,讨论相关的专业教育问题,为各社工院、系提供信息交流平台。它也出版社工教育的相关书籍,负责编辑和发行《社会工作教育杂志》。②

三、美国社会工作与研究协会(SSWR)

美国社会工作与研究协会(Society for Social Work and Research,简称SSWR)于1994年成立于纽约州,是专门为有研究兴趣的社会工作者服务的机构,共有来自美国45个州和世界各地的会员1300多名。其会员主要包括社工学院和其他专业性学校、公立和私立机构的研究人员、硕士和博士研究生。美国社会工作与研究协会与很多组织开展了合作,这些组织会为社会工作者的研究提供支持。该协会的宗旨就是服务社会工作研究,通过研究提高社会福利。③

美国社会工作教育机构繁多,以上介绍的3个主要机构,为社会工作专

① 左芙蓉、刘继同:《美国社会工作者协会历史变迁、结构功能与运作模式》,《社会工作》,2007年第2期(下)。

② CSWE官网,http://www.cswe.org/

③ SSWR官网,http://www.sswr.org/

业的实务、教育和研究等提供全方位的规范、管理和引导，成为推动美国社会工作教育发展的主要力量。

第四节 美国开设社会工作专业的著名高校

美国作为国际上社会工作教育最为发达的国家，不但重视社会工作的实践，更重视社会工作学科的理论研究，在实践和理论领域都处于国际领先地位。另外，美国高等教育的质量之高也是世界公认的。本节内容将介绍美国开设社会工作专业的著名高校。根据美国大学研究生教育专业排名情况，将重点介绍密歇根大学安娜堡分校、华盛顿大学圣路易斯分校、芝加哥大学等著名学府和其各自社会工作专业的发展情况。

一、美国开设社会工作专业的高校排名

根据2013年US News美国大学研究生教育专业排名情况，社会工作专业排在美国前52位的高校如下：

2013年US News美国大学研究生社会工作专业排名(1－52)①

排名	大学	得分
1	密歇根大学安娜堡分校 University of Michigan—Ann Arbor (Ann Arbor, MI, the USA)	4.4
1	华盛顿大学圣路易斯分校 Washington University in St. Louis (St. Louis, MO, the USA)	4.4
3	芝加哥大学 University of Chicago (Chicago, IL, the USA)	4.2
3	华盛顿大学 University of Washington (Seattle, WA, the USA)	4.2
5	哥伦比亚大学 Columbia University (New York, NY, the USA)	4.1
5	北卡罗来纳大学教堂山分校 University of North Carolina—Chapel Hill (Chapel Hill, NC, the USA)	4.1
7	加州大学伯克利分校 University of California—Berkeley (Berkeley, CA, the USA)	4.0

① 各国学校排名网，http://www.university－list.net/meiguo/paiming/dx－20131110.htm

续表

排名	大学	得分
7	得克萨斯大学奥斯汀分校 University of Texas—Austin (Austin, TX, the USA)	4.0
9	凯斯西部保留地大学 Case Western Reserve University (Cleveland, OH, the USA)	3.9
10	波士顿学院 Boston College (Chestnut Hill, MA, the USA)	3.8
11	福特汉姆大学 Fordham University (New York, NY, the USA)	3.7
11	匹兹堡大学 University of Pittsburgh (Pittsburgh, PA, the USA)	3.7
11	南加州大学 University of Southern California (Los Angeles, CA, the USA)	3.7
11	威斯康星大学麦迪逊分校 University of Wisconsin—Madison (Madison, WI, the USA)	3.7
11	维吉尼亚联邦大学 Virginia Commonwealth University (Richmond, VA, the USA)	3.7
16	波士顿大学 Boston University (Boston, MA, the USA)	3.6
16	纽约市立大学杭特学院 CUNY—Hunter College (New York, NY, the USA)	3.6
16	纽约大学 New York University (New York, NY, the USA)	3.6
16	史密斯学院 Smith College (Northampton, MA, the USA)	3.6
16	加州大学洛杉矶分校 University of California—Los Angeles (Los Angeles, CA, the USA)	3.6
16	伊利诺伊大学厄本那—香槟分校 University of Illinois—Urbana - Champaign (Urbana, IL, the USA)	3.6
16	马里兰大学巴尔的摩县分校 University of Maryland—Baltimore (Baltimore, MD, the USA)	3.6
16	宾夕法尼亚大学 University of Pennsylvania (Philadelphia, PA, the USA)	3.6
24	纽约州立大学阿尔巴尼分校 University at Albany—SUNY (Albany, NY, the USA)	3.5
24	伊利诺伊大学芝加哥分校 University of Illinois—Chicago (Chicago, IL, the USA)	3.5

续表

排名	大学	得分
26	印第安纳大学 Indiana University (Indianapolis, IN, the USA)	3.4
26	密歇根州立大学 Michigan State University (East Lansing, MI, the USA)	3.4
26	俄亥俄州立大学 Ohio State University (Columbus, OH, the USA)	3.4
26	罗格斯大学新不伦瑞克校区 Rutgers, the State University of New Jersey—New Brunswick (New Brunswick, NJ, the USA)	3.4
26	纽约州立大学水牛城分校 University at Buffalo—SUNY (Buffalo, NY, the USA)	3.4
26	丹佛大学 University of Denver (Denver, CO, the USA)	3.4
26	堪萨斯大学 University of Kansas (Lawrence, KS, the USA)	3.4
33	霍华德大学 Howard University (Washington, DC, the USA)	3.3
33	波特兰州立大学 Portland State University (Portland, OR, the USA)	3.3
33	西蒙斯学院 Simmons College (Boston, MA, the USA)	3.3
33	明尼苏达大学双城分校 University of Minnesota—Twin Cities (St. Paul, MN, the USA)	3.3
37	布林茅尔学院 Bryn Mawr College (Bryn Mawr, PA, the USA)	3.2
37	康涅狄格大学 University of Connecticut (West Hartford, CT, the USA)	3.2
37	佐治亚大学 University of Georgia (Athens, GA, the USA)	3.2
37	休斯敦大学 University of Houston (Houston, TX, the USA)	3.2
37	路易斯维尔大学 University of Louisville (Louisville, KY, the USA)	3.2
37	田纳西大学诺克斯维尔分校 University of Tennessee—Knoxville (Knoxville, TN, the USA)	3.2
37	韦恩州立大学 Wayne State University (Detroit, MI, the USA)	3.2

续表

排名	大学	得分
44	亚狄非大学 Adelphi University (Garden City, NY, the USA)	3.1
44	亚利桑那州立大学 Arizona State University (Phoenix, AZ, the USA)	3.1
44	佛罗里达州立大学 Florida State University (Tallahassee, FL, the USA)	3.1
44	芝加哥洛约拉大学 Loyola University Chicago (Chicago, IL, the USA)	3.1
44	杜兰大学 Tulane University (New Orleans, LA, the USA)	3.1
44	爱荷华大学 University of Iowa (Iowa City, IA, the USA)	3.1
44	肯塔基大学 University of Kentucky (Lexington, KY, the USA)	3.1
44	得克萨斯大学阿灵顿分校 University of Texas—Arlington (Arlington, TX, the USA)	3.1
52	美国天主教大学 Catholic University of America (Washington, DC, the USA)	3.0
52	佐治亚州立大学 Georgia State University (Atlanta, GA, the USA)	3.0
52	圣凯瑟琳大学—圣托马斯大学 St. Catherine University - University of St. Thomas (St. Paul, MN, the USA)	3.0
52	圣路易斯大学 St. Louis University (St. Louis, MO, the USA)	3.0
52	阿拉巴马大学 University of Alabama (Tuscaloosa, AL, the USA)	3.0
52	犹他大学 University of Utah (Salt Lake City, UT, the USA)	3.0
52	威斯康星大学密尔瓦基分校 University of Wisconsin—Milwaukee (Milwaukee, WI, the USA)	3.0
52	叶史瓦大学 Yeshiva University (New York, NY, the USA)	3.0

二、开设社会工作专业的三大名校

1. 密歇根大学安娜堡分校(University of Michigan—Ann Arbor)

(1)学校概况

密歇根大学(University of Michigan,简称 UM)在美国密歇根州有三个校园,分别是安娜堡、Dearborn 和 Flint①。主校区安娜堡于 1817 年建校,是美国历史最悠久的大学之一,在世界范围内享有盛誉。密歇根大学建校以来,在各学科领域中成就卓著并拥有巨大影响,多项调查显示密歇根大学超过70%的专业排在全美前 10 名,被誉为"公立常春藤",与伯克利加州大学以及威斯康星大学麦迪逊分校素有"公立大学典范"之称。密歇根大学同时也是美国重要的学术联盟美国大学联合会的 14 个发起者之一。

作为美国的"学术重镇",密歇根大学拥有全美最高的研究预算、浓厚的学术气氛、优良的师资以及顶尖的商学院、法学院、医学院、工学院及文理学院。在美国国家研究委员会(National Research Council,NRC)对美国各大学研究生院 41 个学科的评估中,密歇根大学总分排名第三。

密歇根大学主大楼

① Carnegie Classifications - University of Michigan. Carnegie Foundation for the Advancement of Teaching. [July 22, 2010].

密歇根大学体育馆

密歇根大学主校区所在的安娜堡，是一个典型的大学城，风景优美，气候宜人，距离美国著名的汽车城底特律40分钟的路程。学生总数39000人，其中15000人为研究生。学生来自全美50多个州和世界120多个国家。在现任的6238名教员中，有76名现任美国国家科学院院士以及工程院院士，有许多世界知名的学者及科学家。密歇根大学的校友超过40万人，拥有全美最大规模的校友会组织。历史上共有7位毕业生和12位教授获得过诺贝尔奖，多位校友荣获过图灵奖，6位教授荣获过国家科学奖章，7位校友获颁普利策奖，7位太空人校友。

密歇根大学的综合排名在全美前20名，其中医学院一般排在前二、三名，法学院、商学院、建筑设计学院、工程技术学院和教育学院都排在全美前10名。根据历年《新闻周刊》全球大学排名，其世界排名亦位于前20名。密歇根大学设有19个学院，各学院的学术水平排名领先群雄，其中商业管理学院、建筑设计学院、牙医学院、法学院、公共卫生学院及社会工作学院均列美国高校同类学院的前5位。这19个学院开设有15000多门本科课程，几乎涵盖了所有的学科领域，是美国课程设置最丰富的大学之一。大学排名全美前10名的专业包括商学、建筑学、工程、医学、护理、法律、公共事务、心理学、社会学和历史等许多学科。密歇根大学对公共事务的研究非常用心，著名的密歇根大学消费信心指数(University of Michigan Consumer Sentiment Index)即为一例。在运动方面，该校的篮球、美式足球与曲棍球也都非常有名。

密歇根大学的19个学院分别为：建筑与城市规划学院；艺术设计学院；商学院；牙医学院；教育学院；工程学院；拉克哈姆研究生院；信息学院；法学

院;文理学院;医学院;音乐戏剧学院;自然资源学院;护理学院;药学院;运动学院;公共卫生学院;福特公共政策学院;社会工作学院。①

(2)密歇根大学安娜堡分校社会工作专业

密歇根大学安娜堡分校社会工作专业,受到教育和业内专业人士的广泛赞赏,获得美国社会工作教育委员会 CSWE(Council on Social Work Education)的认证,也是全美最具综合性的社会工作硕士专业之一。

密歇根大学安娜堡分校社会工作硕士专业致力于为学生未来从事高级别的社会工作实践作出准备,使其掌握必要的技能、工具和知识。该专业提供9种专业方向可供选择,最大限度地满足学生的学习要求。这些专业方向又可以分成实践方法和实践领域这两大类,实践方法类包括:社区组织、人际交往实践、人本服务管理、社会政策与评估;实践领域类包括:家庭和社会中的老龄人口、家庭和社会中的青少年、社会和社区系统、健康、心理健康。该专业主要基础课程包括:人类差异、社会关系、福利和变化;组织、社区和社会结构;社会工作研究;社会福利政策与服务等。

通过学习,该专业的毕业生可以在政府部门、慈善组织、临终关怀机构、护理机构、儿童保护组织、学校、医院等从事管理、治疗、政策制定等方面的工作。

2. 华盛顿大学圣路易斯分校(Washington University in St. Louis)

(1)学校概况

华盛顿大学圣路易斯分校(Washington University in St. Louis,简称WUSTL),也翻译成圣路易斯华盛顿大学,是美国最负盛名的大学之一,是在1853 年由圣路易斯的领导者 Wayman Crow 和诺贝尔文学奖得主 T. S. 艾略特的祖父 William Greenleaf Eliot 在圣路易斯城区共同建立。华盛顿大学坐落于美国密苏里州圣路易斯市和圣路易斯县,是所男女同校、无宗教关联的私立研究型大学。华盛顿大学赞助捐赠总金额一直排名全美国前 10 名,大学捐款超过 50 亿美元,是全美最富有的大学之一。

1976 年,校董事会为了将学校区分于其他二十余所含有“华盛顿”字样的大学,在校名后添加了学校所在城市“in St. Louis”作为后缀。尽管官方的信头名已改为“Washington University in St. Louis”,学校的法人名字仍为“The Washington University”。其他常用的昵称有“Wash. U.”和“WU”,两个

① 密歇根大学官网:http://www.admissions.umich.edu/majors

名字都由学校名称的开头字母演化而来。与华盛顿大学有关的诺贝尔奖获得者有22名。

圣路易斯华盛顿大学布鲁金斯楼(Brookings Hall)

圣路易斯华盛顿大学有四个校区。①丹佛斯校区(Danforth Campus),是大学的主体,有文理学院、工程学院、建筑学和城市设计学院、Sam Fox艺术学院、乔治·渥伦·布朗社工学院、Olin商学院、法学院;②西校区,主要有学校档案馆以及会议中心;③北校区,包括一些后勤管理机构;④医学院校区,是华盛顿大学医学院所在地,在圣路易斯市Central West End地区。大学还有一个"Tyson"研究区,位于圣路易斯以西"Meramec"河畔。[①]

佛朗西斯体育场的大门,此地曾为1904年夏季奥林匹克运动会举办地

① 华盛顿大学路易斯分校官网:http://wustl.edu/

(2)圣路易斯华盛顿大学的社会工作专业

在圣路易斯华盛顿大学研究院中,“乔治·渥伦·布朗社工学院”一直为全美社工学院之首。布朗社工学院为社会工作专业的研究生提供最灵活的课程设置。这些课程为学习者提供一个坚实的知识基础,并能为学生创建自己的学习课程提供足够自由。学生可以选择个人的兴趣点,并能决定何时何地去做田野调查。在牢固的基础上发展个人化的兴趣点,让学生在最热爱的领域产生最深刻、最重要的影响力。该学院的社会工作专业硕士培养计划,由美国社会工作教育委员会认可,强调以证据为基础的实践,这样一种方法,有助于确保社会工作实务,包括具体的服务、治疗、项目和政策,进行有针对性的训练。

硕士学位课程为期两年,需修够60学分,分为三个部分:基础课程、关注课程和专业化课程。基础课程和关注课程是必修的,专业化课程是选修的,使用选修课的学分。基础课程有7门课程和一个综合性的研讨会,涵盖了社会工作专业所必需的专业性知识。这些基础课程介绍从个人—家庭—组织—社区等各种规模体系的社工实务。完成基础课程后,学生可以确定个人的兴趣点和关注点,去选择一些关注课程的学习,主要课程有:儿童、青少年和家庭;老年学;卫生保健;心理健康;社会与经济发展;个别化学习计划,等等。对学生成果的评估是依据社会工作教育协会制定的社会工作资格基本数据。选修课程使学生可以扩大其专业领域的兴趣点和关注点。学生也可以选修华盛顿大学其他专业的课程。学生同样可以选择通过选修专业化的课程追加额外的知识和技能。布朗学院提供了几种专业化技能:①需要去管理非营利和公共部门组织,具体有管理演讲、组织领导力、财政金融、市场学、董事会发展、资源发展;②做研究,为规划和实施社会服务提供基础;③社会企业家精神是一个创新项目,是为了在商业计划、预算、文字、口头交流、影响力测量等方面建立技巧,被用于非营利性组织和公共部门的商业活动;④政策专业化使学生能够为政策相关领域的工作作准备,他们必须论证政策推动过程中的决策,包括政府角色、公民行动、政策设计和发展、政策分析。①

① 圣路易斯华盛顿大学布朗社工学院官网,http://brownschool. wustl. edu/Admissions/MSW-Program/Pages/Landing. aspx

3. 芝加哥大学（University of Chicago）

（1）学校概况

芝加哥大学（The University of Chicago，简称 UChicago）是一所位于美国伊利诺伊州芝加哥的私立研究型大学。芝加哥大学主校区位于芝加哥市南的海德公园（Hyde Park）和伍德朗（Woodlawn）街区，东邻杰克逊公园（Jackson Park），西邻华盛顿公园（Washington Park），距芝加哥市中心 11 公里。1893 年为举办芝加哥世博会修建的中途公园（Midway Plaisance）将校园分成南北两块，博览会主会场现为芝加哥科学与工业博物馆，紧邻芝加哥大学东侧。校园占地约 211 英亩，其哥特式建筑古色古香，具牛津、剑桥之风韵。步入校园犹如进入一座中世纪古堡一般。

芝加哥大学的许多老建筑物均采用与牛津大学类似的哥特式建筑。例如，芝大的米切尔塔是以牛津莫德林塔为蓝本；哈钦森厅复制基督堂大厅。大学老校园现在被称为主四合院，建筑构思是芝加哥大学校董、建筑师亨利·艾夫斯科布绘制的“总体规划”的一部分。主四合院组成 6 个四合院，每个四合院由毗邻的建筑物所包围。20 世纪 40 年代后，校园的哥特式风格开始让位于现代风格。1955 年，埃罗萨里宁签约开发第二个总体规划，使校区扩展到中途公园以南。包括莱尔德贝尔法四合院（法学院综合建筑群），社会服务管理学院建筑群，哈里斯公共政策研究学院建筑群，以及野兽派的雷根斯坦图书馆。2011 年，芝加哥大学完成了一座拥有巨型玻璃穹顶的乔和丽卡曼索托图书馆。

芝加哥大学中途公园

芝加哥大学校园

该大学包括本科学院以及由4个系、6所职业学院和1所继续教育学院组成的各种研究生项目和跨学科委员会。芝加哥大学有约5000名本科生和10000名研究生。芝加哥大学是世界上最负盛名的大学之一，有87位教师和校友曾获诺贝尔奖，为美国大学中最多。2位校友曾获图灵奖，12位教授荣获过国家科学奖章，现任教授中有超过60位国家科学院、国家工程院和国家医学科学院院士。

与哈佛、耶鲁等大学相比，芝加哥大学只能算作一所年轻的大学。但是，由于芝加哥大学以开放的精神，兼收并蓄地包容了洪堡与纽曼两种大学理念，并结合美国社会的现实，建构了独特而卓越的组织理念、研究理念和教学理念，使其在较短的时间成为美国、乃至世界一流大学，并被誉为"第一所美式大学"。

芝加哥大学对教育观念的"宏观"与实验精神，奠定了它在美国教育史上的重要地位。而它在学术研究上的地位与贡献，也同样值得称道。芝加哥大学学者在不同学科发挥着重要作用，在其各自领域创立了赫赫有名的"芝加哥学派"，其中包括：芝加哥经济学派，芝加哥社会学派，法律经济学派，芝加哥学派的文学批评，芝加哥建筑学派以及芝加哥气象学派。此外，芝加哥大学政治学被称为行为主义学派。芝加哥大学在人类学、天文学、地球科学、经济学、地理学、历史学、语言学、数学、物理学、统计学、法学、商学、社会学、神学等学科专业方面具有较强的学术实力。

(2)芝加哥大学的社会工作专业

芝加哥大学社会工作学院成立之初,就致力于创造和定义社会工作以及社会福利领域的规范,而不仅仅是教授社会工作的课程。1908 年,芝加哥慈善和社会工作学校在其董事会的推动下进入了大学。这一时期,社会工作教育纷纷进军高等教育,社会工作学院开始成为大学的一部分。芝加哥大学社会工作学院的形成并不仅仅依赖领导者的努力和贡献,也依靠其对政治和经济潮流的回应。在芝加哥社会工作学院成立的第一个世纪里,社会工作教育的重点是社会研究和社会科学的应用,以此来解决社会问题,这也是该学院一直不变的传统。自建立之初,芝加哥大学社会工作学院就致力于社会科学和社会研究,从而区别于一些早期的社会工作学校。在其成立的第一个十年,芝加哥社会工作学院的教师和学生就在快速发展的城市中调查了如下一些问题:青少年犯罪、职业培训、住房等。芝加哥大学为学院的发展提供了更好的机会和社会科学的理论支持,社会工作学院也由此开始扩展其教育空间,在芝加哥大学柯布讲堂开展课程和讲座。1927 年旨在科学讨论社会工作问题的期刊《社会服务评论》创刊,正如社会工作学院一样,它不仅反映社会福利领域的问题,同时也帮助促进社会福利事业的发展。①

20 世纪 90 年代以来,芝加哥大学社会工作学院依然坚持把社会、行为科学以及政策等研究和实践联系在一起,不断引进其他学科例如法律、经济以及心理学等专业的教授。研究项目也日益呈现出多样性,面对的群体涵盖了儿童、青少年以及老人等。另外,学院还参与社会福利服务的评估、政策的制定等,已经基本形成了以研究为基础的学科体系建设,构建了独特的社会工作教育模式。②

第五节　美国社会工作教育的特点

美国的社会工作教育在其长期的发展过程中不断探索,形成了其比较有特色的发展模式,积累了许多宝贵经验。其培养模式相对成熟,为美国社

① 吴小静:《基于 SWOT 分析的芝加哥大学社会工作学院发展研究》,《科教文汇(上旬刊)》,2012 年第 3 期。

② Ehrenreich, J. The Altruistic Imagination: A History of Social Work and Social Policy in the United States. New York: Cornell University Press, 1985.

会工作专业的发展培养了大批优秀人才，提高了社会工作服务质量，提升了社会工作的认可度，推动了社会进步与和谐。纵观社会工作教育发展的历史，可以归纳出如下美国社会工作教育的特点。

一、职业需要推动专业教育发展

美国是典型的职业专业化，先有了社会工作职业化实践的基础，因职业发展需要而有专业社会工作教育的出现。美国社会工作最初是由慈善服务活动开始的，一开始由慈善机构对其工作人员进行短期培训来满足服务需要，但后来随着所面对问题的复杂性以及高质量服务的需要，短期培训已远远不能满足，因此需要比较长期的、系统的训练。于是，一些大学开始开办社会工作培训课程。经过不断地尝试和探索，美国社会工作教育形成了比较系统的教育体制。这种职业需要推动专业发展的动机，使得美国社会工作教育更有针对性、效果更加明显，也真正发挥了教育支撑职业发展的目的。

二、以职业化为导向的课程体系

美国的社会工作教育的培养目标是与职业相联系的，通过实习能使学生把课堂上学到的知识运用到实践中去，毕业后能够顺利胜任职业角色。美国社会工作教育有“八大方法”课程，课程设计重在实务。通过实践方法的培养，训练学生实际操作的能力。随着社会工作服务领域的精细化和复杂化，社会工作课程也越来越细化，针对不同服务领域提供更加专业的课程，比如儿童福利、社会服务管理、精神健康和家庭服务等。

三、实行多样化的培养方式

美国社会工作教育层次有本科、硕士、博士三个层次的社会工作学位课程，学位教育之外还有副学士社会工作课程。美国社会工作教育规模较大，办学方式灵活，有全日制、非全日制以及远程学习等多种形式，但以全日制教育为主。社会工作在美国早已成为一门独立的学科和专业，有自己独立的院系，并形成了专门的社会工作学位体系。美国社会工作教育具有学士、硕士以及博士教育三个层次，其教学内容和教学目标都各不相同。学士教育注重培养普通的社会工作人才，主要从事普通的管理、协调、服务工作。硕士教育更加注重实务技巧的培养，一般从事比较复杂的社会工作服务。博士教育则注重培养研究人才，主要从事教学与研究，很少直接进入一线服务。这种多样化的培养方式，能够有针对性地培养各个层次的人才，可以避免人才的不合理安置，促进社工服务的高效运转。

四、结构合理、实力雄厚的师资队伍

美国社会工作教育是作为应用学科开展的，教师大都具有较丰富的实务经验，他们不仅懂得学术还注重实践。经过百余年的发展，美国社工教育的师资配备已经相当完善，基本上师生比在1∶15左右，大部分教师取得了博士学位，而且是持证的社会工作者（可谓“双师型”），学历专业上以社会工作为主。这样的师资队伍对于社会工作人才的培养大有裨益，有利于理论知识与实践经验的有效结合，真正培养高素质社工人才。

五、“政府参与”型社会工作教育

社会工作教育由专业协会与相关政府部门共同负责。社会工作专业协会在社会工作专业化过程中发挥主导作用，这是因为美国社会工作教育的起源并非依托政府和市场，民间力量起了巨大推动作用。社会工作的发展是由下而上的，由志愿的义务工作到与政府合作，政府购买社会工作服务，形成了政府、社会工作专业协会共同监督和管理社会工作教育及服务的局面。

第五章　美国社会工作的服务领域

强调民主的美国生活方式催生了本国社会福利和社会工作的发展。历史的篇章显示，几乎从殖民地之初，公共和私人机构中富于人道主义精神的人们，就一直对建立服务体系和支持性服务感兴趣，以帮助为生活所困、不幸的个人及家庭，这使得美国社会工作发展成为全国性的服务，它的服务领域逐渐扩大。

在这种社会背景下逐渐发展起来的美国社会工作队伍非常庞大，主要有四大社会工作服务领域：医疗和公共卫生社会工作，儿童、家庭和学校社会工作，精神健康和药物滥用社会工作，老年和心理健康社会工作。具体又可以细分为诸多更为详细的服务领域，以下各节内容将进行逐一介绍。

第一节　美国医疗和公共卫生社会工作

一、发展背景

美国医疗和卫生保健的最重要的突破点就是 1973 年颁布的《健康维护组织法案》。起初，这一法案要求在健康维护组织的工作中提供社会服务，但是其后颁布的几个行动纲领削弱了这一纲领的效力，使得社会工作的授权服务也随之取消。1983 年美国国会进行了老年医疗保健计划历史上最为激进的改革。在这一年，老年医疗保健计划一直是追溯式的补发医院的报销款，根据 1983 年的社会保障修订案、依据全美每人就医的平均成本给医院预支拨款。这种预支体系也是美国未来各州跟联邦卫生保健的一种补偿模式。最终，卫生和社会服务卫生保健资金管理部门采纳预支定价体系来处理各种如酗酒、滥用毒品这样的问题。

美国卫生保健的成本一直在持续上涨。据统计,1994 年有 3700 万美国人处于贫困线或贫困线以下,他们由于无力支付所需卫生保健费而引起健康风险。1998 年卫生保健费用也已经达到了 1 万亿美元,这相当于国民生产总值的 15%。[①] 由此,卫生保健改革成为了 1992 年总统竞选的主要议题之一。丹尼尔 · K. 井上(Daniel Ken Inouye)议员在 1992 年 6 月 9 日的议会上提出了一份重要的卫生保健改革提案,提案指出:"1992 年的《国家卫生保健法案》将极大地改变我国卫生保健财政安排和服务传输的方式。"法案的主要内容包括建立初级保健医院,实施牙科和眼科保健,在精神卫生、滥用毒品治疗、康复等方面提供服务,提供处方药品,为老年人及各年龄段慢性病患者提供长期的照料。法案同时规定个人有选择医生和其他卫生服务的自由。尽管仍将通过国家的税收支付该计划所需的费用,但法案的倡导者希望通过消除重复开支,消除成千上万的保险公司的文案工作,以及使用为保健服务提供者制定的协商机制而节省开支。1993 年,原医院社会工作主任学会(SHSWD)更名为健康照顾社会工作行政管理学会(SSWAHC),医疗社会工作实现了由医院到健康照顾的历史性跨越。随着艾滋病的流行、环境污染的国际化、禽流感和 SARS 的影响,医务社会工作的服务领域也得到了极大的扩展。

总之,随着社会发展,人类的社会环境、疾病模式、医疗照顾模式、政府角色都发生了重大变化,社会工作专业和医务社会工作发展深受影响。美国医疗卫生的社会化组织状况成为发达国家的典范。[②]

二、工作内容

医疗和公共卫生社会工作是在医疗和公共卫生项目下展开的,主要是将社会工作的知识、技巧、态度和价值观等应用于卫生保健领域,其服务不仅包括对病患及其家属的病情辅导,还包括病患住院和出院后的各种安排,从饮食安排到针对病患做物理治疗所用的器材的到位情况等。目的是要为那些慢性疾病患者、急性病患者、绝症患者及其家属提供社会心理支持,让

---

① William J. Spitzer and Rachel Kuykendall, "Social Work Delivery of Hospital - Based Financial Assistance Service," Health and Social Work, 19,4 (November1994), p. 295 - 297.

② 刘继同:《美国医院社会工作的历史发展过程与历史经验》,《中国医院管理》,2007 年第 11 期。

他们能够积极、勇敢地面对疾病和疾病所带来的心理、生活上的变化,不至于破坏自己的正常生活。这一领域中最常见的疾病包括老年痴呆症、各种癌症、艾滋病和各种精神疾病等。

医疗和公共卫生社会工作者除掌握社工的专业知识和技巧外,还需要相关的医学知识。就业的机构通常有政府卫生机构、志愿卫生机构、康复中心、专业护理机构(例如养老院或老年中心)、公共福利机构的医疗服务部门、个体或家族开办的医疗服务机构等。2012 年,美国这一领域的社会工作者共有 14.62 万人,约占全美社工的 24%。美国劳工部预计,到 2022 年,这一数字将增加到 18.55 万人。[①]

医务社会工作者的主要工作有:

1. 评估病人心理和环境中的有利因素和不利因素。

2. 在服务的过程中与团队成员有效地配合,最大限度地利用每个团队成员的技能和知识。

3. 帮助病人家庭参与治疗,鼓励病人配合医疗服务。

4. 与其他相关专业人士一起,利用多学科的知识提高治疗的质量。

5. 充当病人需求与各资源之间的桥梁,充分满足其治疗需求。

6. 参与医疗方面政策的制定。

7. 从事相关研究工作,为在工作中获得成功、拓展基础而努力。

医院和公共卫生社会工作者首先要充分了解疾病及其对个人、家庭、社会的影响,能够熟练地应用和采纳社会工作的概念、原理、理念去满足医院和病人的需要。同时,要做到能以现代医学的理论和实践为指导。

随着医学的发展,医务人员分工日益精细化,尤其是大型医院跟康复性治疗机构分工更加复杂。在医院中,社会工作者要接触病患的专业医师、护士、康复治疗师、营养师等涉及面很广的专家。在院外,他们要与公共卫生护士和健康工作者联系在一起,最关键的是运用问题解决法等社工专业知识,协助个人、群体和社区解决个人和家庭的健康问题。

对于医疗工作者而言,社会工作者起着协调作用,而不是医疗工作者的附属品,它要对机构负责,对支持它的公众负责。医生是临床和医学上的权威,是一项医疗工作中的一员,社会工作者也同属于这一团队。

---

① 详细数据见第三章内容。

三、美国的卫生保健服务体系

在过去,由于医学的特殊学科性质,医院和公共卫生领域的社会工作主要强调的是对疾病的了解,从而能对病人及其家人进行医学的解释。随着卫生保健工作重点的转移,社会工作的内容也得以拓宽,目前该领域的社会工作还包括健康的维护促进、疾病的预防和治疗等。以下的医疗和卫生保健机构是美国卫生保健服务体系的支柱,也是社会工作者开展服务的主要场所。

1. 医疗服务机构

美国医院联合会要求每个医院都要设立一个社会服务部门作为认定条件。卫生保健服务人员隶属于该部门,为有需要的患者提供服务。医院现在已经成为继社会行政机构和民间家庭服务机构之后的第三大社会服务实施机构。社会工作者在医院中服务的目标人群有所不同,有急诊室服务、重症监护服务、儿科服务等;有针对特殊病种进行的服务,如心脏病、癌症、艾滋病等。其主要职责有:(1)为患者及其家庭提供咨询与心理辅导;(2)患者出院及跟进;(3)联系各种社会资源以满足患者需求等,比如帮助患者及其家属获得各种形式的医疗保险补偿。除此之外,还有从事疾病预防宣传与协作康复的人员,他们通常会代表医院向一些社区机构提供咨询,进行预防教育等。越来越多的地区性私人医师诊所也开始聘请专业人员从事咨询服务,以增进患者精神健康。

2. 护理机构

随着医疗技术的进步,老年人及失能群体的寿命不断延长。提供医疗护理和其他服务的长期护理机构成为首选。这些机构的卫生保健服务人员主要从事帮助案主适应环境、处理其与家属的感情问题、提供咨询服务、联络其他社会资源等工作。

3. 社区卫生保健机构

社区是患者及其家庭获得资源的重要来源。尽管家庭成员患病有可能酿成家庭解体,但也有可能增加家庭的凝聚力,实现家庭的目标。社区对此可以提供帮助。社区可以为患者申请政府或社会的外来资源，可以通过社区精神健康服务中心、家庭护理会、家庭服务机构等资源为家庭成员的照顾提供强化和支持。社区是由个人组成的团体，要为其成员谋取互利性的福利。如果家庭在没有外来人员的帮助下支撑不下去，社区是不会坐视不管的。出于各种原因，社区必须采取行动来保护其成员。

在美国，大多数社区都已经开展了公共卫生服务。美国的社区卫生保健计划会聘用很多拥有 BSW 或 MSW 学位的人员来提供卫生保健服务。这些服务人员经常与当地社区组织和学校合作，或被雇用于家庭计划生育诊所。最主要的工作是宣传卫生保健知识、提供健康咨询或联络外部资源，比如提供避孕咨询或制订意外怀孕的抚养计划、宣传预防性传播疾病、帮助艾滋病患者及家庭获得社会资源等。

4. 家庭卫生保健机构

美国有 1.4 万个家庭卫生保健机构，共有74.9万名雇员，包括护士、家庭健康助理以及社会工作者。他们的主要职责是进行上门健康咨询服务、帮助案主获得社会资源等。对于老年人和失能者而言，家庭卫生保健服务比机构护理服务更为方便且更能保护其尊严。目前美国越来越多的州和社区认识到家庭卫生保健的重要性，为这个领域的卫生保健服务提供了巨大的发展空间。

5. 地方卫生部门与其他卫生保健机构

在美国，具有 BSW 或 MSW 的工作人员可以参与地区卫生部门、州议会甚至联邦政府的卫生保健政策与计划的制订工作。他们还在与卫生保健相关的组织部门（比如红十字会）或相关卫生保健计划（比如疾病预防控制计划）中发挥作用。[①]

四、美国卫生保健服务的特点

美国的卫生保健服务发展较早，也是其社会服务发展相对成熟的领域之一。随着老龄化时代的到来，与老年人卫生保健相关的社会服务发展特

---

① 张瑞：《美国的卫生保健服务体系建构及其启示》，《理论探索》，2012 年第 6 期。

别快。美国的卫生保健服务在法律法规与行业条例、人员培养与资格认定、政府与社会支持、服务领域与职责定位等方面,发展得相对成熟与完善。

1. 法律法规与行业条例相对完善

美国的法律法规比较完善,与卫生保健服务有关的法律法规涉及多个方面。在卫生保健服务领域,美国法律规定:所有拥有120张以上床位的疗养院必须雇用一名拥有BSW或MSW学位的工作人员;医疗保险费用补偿规定中明确要求针对老人的医疗保险要为老年人提供出院后精神健康服务的工作人员(拥有MSW学位并拥有职业证书)提供补偿;联邦要为有兴趣参与卫生保健服务的人员提供培训资金。在人才教育与培养方面,2010年美国颁布了卫生保健与教育负担调和法案(the Health Care and Education Affordability Reconciliation Act),提出教育法规保证相关专业学生更容易完成其学业,增加佩尔助学金(Pell Grant)的资金投入,联邦最高助学金奖励法案包括老年医学与健康培训补助金,以及对于行为医学提供贷款偿还基金等内容。[①] 在入行资质方面,州政府通过立法建立了最低执业资格,社会工作协会主导执业从业资格。[②] 在卫生保健领域也有许多标准,比如"美国社工大会关于卫生保健的标准"、"美国社工大会关于缓和疗护与临终关怀服务的标准"、"美国社工大会关于长期护理设施的标准"等。其他相关行业协会也有关于卫生保健服务的规定,比如美国医院联合会要求医院配备BSW或MSW学位人员等方面也有规定。[③]

2. 人员培养与资格认定科学合理

在美国卫生保健服务领域提供服务的专业技术人员,不仅有医生、护士,还有社会工作者。社会工作者将社会服务的专业知识和技术运用到医疗、卫生、保健机构中,协助患者及其家属解决与疾病相关的社会、经济、家庭、职业、心理等问题,以提高医疗效果,配合医务人员进行疾病防治和康复等服务。卫生保健服务领域与其他领域不一样的地方是其高度的专业性。在医疗卫生机构工作的人员必须在具备社会服务专业知识的同时具有相关

---

① Rosemary K. Chapin. Social Policy for Effective Practice. Second Edition. New York. Routledge, 2011.

② 详见第三章内容。

③ 张瑞:《美国的卫生保健服务体系建构及其启示》,《理论探索》,2012年第6期。

卫生保健知识，并具有危机干预的能力。因为很多院校都开设卫生保健相关课程，并设置医疗或卫生保健专业 MSW 学位。在 20 世纪 80 年代，美国教育界重新制定了一系列提高教育质量的政策和标准，临床社会工作被置于重要地位。美国社会工作教育委员会形成了相对完善的教育标准和课程设置。社会工作教育委员会每 10 年对相关院系进行一次资格检查，淘汰一些不合格的院系，以保证和提高教育质量与行业水平。在美国，加入全国社会工作者协会和参加各州举行的专业资格考试，都必须从合格的学校获得本科或硕士毕业文凭。①

3. 政府与社会的支持

美国的卫生保健服务发展离不开政府和社会的大力支持。表现在以下几点：

（1）在政策方面，联邦与地方政府、某些行业协会对卫生保健服务人员配置的规定大大促进了其在相关领域的发展。

（2）在资金投入方面，政府并不是发展卫生保健服务唯一的资金来源，各种社会组织（比如慈善机构），也提供一定的捐赠和资金支持。美国的社会组织非常发达，在社会福利各方面包括医疗卫生保健服务方面，作出了巨大贡献。

第二节　美国儿童社会工作

一、美国的儿童福利

美国素有“儿童天堂”之称，它的儿童社会福利经历了百年的发展和改革。早在 20 世纪初，由时任美国总统召集的一系列全国性的儿童福利会议在华盛顿特区召开。1909 年，第一次美国白宫会议召开，会议的成果之一是在联邦政府设立了美国儿童局，负责儿童福利和相关事务。另一个成果是各州相继制定法律提供儿童津贴，这种津贴始于孤儿等困境儿童以寡妇年金、母亲年金的形式支付。津贴的显著特点是由公共财政付费，而非慈善组织援助。1919 年，第一次世界大战后，美国召开了第二次白宫会议，威尔逊

① 库少雄：《美国的社会工作教育》，《教育理论与实践》，2003 年第 6 期。

总统将1919年定为“儿童年”，从“战争紧急基金”中为儿童的会议和活动拨出15万美元的专项款，这次白宫会议进一步建立和健全了美国儿童福利制度，同时要求每个州对其儿童福利法立法的间隔时间予以规定，定期修订，不断完善。每10年召开一次的白宫会议，确定了联邦和各州政府在儿童福利中的责任以及政府主导的儿童福利体系。1935年通过并实施迄今的《社会安全法》，在10项计划中，儿童福利就占了4项，包括失依儿童补助、富有保健服务、残疾儿童服务、一般儿童福利服务。①

对于儿童福利，美国儿童福利联盟有此种说法：“儿童福利是针对那些父母照顾能力不足、社区资源不足的儿童青少年，提供促进其家庭和社区养育、保护儿童能力的服务。因此，儿童福利服务是支持、补充或替代父母功能不足、有缺陷或停顿的情况，以及修正现有社会机构或创立新机构来改善儿童及其家庭的状况。”从福利项目的设计来看，几乎所有项目都是针对贫困家庭，大部分福利项目的执行都是以资产调查为基础，充分体现了“穷人靠国家，余下的人靠市场”的制度设计原则。儿童的福利项目安排得也非常详尽，几乎涵盖了儿童需求的每个方面。

整个儿童福利工作都要求有极其敏锐并成熟的判断力、渊博的知识和很好的社会工作技巧。在美国，抚养儿童援助计划在1990年9月向4092876个家庭，也就是11794968名儿童及其父母提供了救济援助。随着1996年《个人责任和工作机会法案》的通过，以及困难家庭临时救助计划的实施，社会工作者不变的工作就是要保持家庭的完整性。②

二、儿童福利领域的社会工作

儿童福利服务是社会工作实践领域的一个重要内容。在美国，儿童福利服务的专业化程度比较高，专业化制度和相关政策也比较完善。儿童社会福利服务主要由卫生与人类服务部下设的儿童局负责。儿童福利服务的主要内容有：儿童领养和寄养服务；针对残疾儿童的服务；儿童早期教育服务；防止家庭暴力的服务等。社会工作者一般在社会福利机构、家庭、社区等场所提供儿童照顾、保护、教育等服务。这些服务的主要目的是提升儿童

① 邹明明：《美国的儿童社会福利制度》，《社会福利》，2009年第10期。

② John Naisbitt, Megatrends, Ten New Directions Transforming Our Lives (New York: Warner books, 1982), p. 249 - 250.

的心理社会功能,促进儿童的心理健康,帮助他们发展健康的人际关系,协助家长与儿童建立有效沟通。

美国儿童社会工作者主要在政府和非政府部门工作,受过严格的社会工作专业训练,能够清晰了解与儿童福利和儿童权益相关的法律规定。在提供儿童社会工作服务时,社会工作者需要掌握扎实的理论知识、专业技能,还要受执业伦理的指引。①

三、美国儿童社会工作的主要形式

美国社会针对儿童的社会工作服务主要从几个照顾模式体现,包括:儿童的家庭照顾、儿童的寄养照顾、安排儿童在照顾机构生活、领养服务和保护性服务。

(一)儿童的家庭照顾

对于孩子来说,出生后接触到的第一个人就是自己的父母,接触的第一个环境就是自己的家庭,许多儿童社会工作者也认识到孩子所能得到的最好的抚育就是父母的照料。他们为孩子提供成长所必需的物质基础跟情感寄托,提供庇护的港湾和健康照顾。对于儿童的成长,儿童社会工作者认为永久性和稳定性是最重要的因素。

1980 年美国的《联邦领养救助与儿童福利法案》(公法 96 - 272)作出了努力,使儿童尽可能地留在家里。这一法案导致了相关儿童的工作中心从以儿童为中心的照顾转向家庭照顾。同时,在照顾儿童中,社会工作者由家庭这个单一系统转向了从多个系统入手的方式,这种方式可以确切地描述为旨在维护家庭的完整性并从几个层次着手的照顾工作。

西马鲁斯蒂识别了维护家庭时要考虑的 4 个因素:

(1)家庭。包括所有客体,注入核心家庭的成员(父亲、母亲和孩子),等等。

(2)扩展的家庭。包括任何重要的亲属、祖父母、婶婶、姑姑、“客串”的父母、同居伴侣等。

(3)社区。包括邻里、同伴、教会或者学校等里面的重要人物。

---

① 熊跃根:《探寻美国社会工作的专业化路径》,《中国社会报》,2007 年 3 月 12 日,第 007 版。

(4)维护家庭干预小组。包括维护家庭工作者、督导、机构、公共福利部门、司法系统和其他提供服务的组织或个人。①

维护家庭工作不仅包括家庭中的母亲和孩子，还包括父亲及扩大式家庭中的其他人，比如祖父母、舅舅、叔叔等对孩子的成长都起着很重要的作用。随着美国单亲家庭的增多，孩子成长的环境会更加复杂，生活中各种类型的人对孩子都有影响，必须要妥善处理。

家庭照顾最主要的目的就是要增强家庭的作用，使其发挥最大效用。所有的家庭和家庭相应的服务系统都有自己的力量，社会工作者的作用就是要找出这些力量，保护儿童的健康成长。

(二)儿童的寄养照顾

寄养儿童就是让儿童住在自己家庭以外的一种方式。它要求在寄养地得到在家庭中应得到的照顾。对于大多数的孩子来说，这是一种短时间的活动，在很短的时间内他们会被其他的家庭领养或者能够回到自己的亲生父母身边。而对另一些少数孩子来说，这可能是一段相当长的时间，他们要继续在寄养的地方生活，有的要到自己经济独立。

寄养照顾给孩子的生活带来很大的变化。他们必须接受寄养他们的地方，努力使自己对该地有归属感，成为其中的一员，同时要适应新的环境，还有可能是新的学校。20 世纪 80 年代以来，美国寄养孩子的数量有所增加，统计数字显示已达 52 万。这一数字比此前增长了一倍，孩子接受寄养的时间也在增长(5 年或更长的时间)，接受寄养的人比结束寄养的人要多。②

寄养孩子永久的和最初的纽带就是社会工作者和机构。他们通过了解寄养孩子各方面的需求和对寄养家庭的调查，评定在选择寄养家庭以后会给孩子带来的优势与不足，针对孩子和寄养家庭的特点进行配对，安排孩子寄养，并对寄养工作进行督导。从此之后，社会工作者就开始对寄养孩子和家庭双方提供支持。社会工作者与社区是紧密联系的，在经历了严格的培训和选拔之后，社会工作者会在需求与资源之间牵线搭桥，常常是经过一段

---

① Rocco A. Cimmarusti, "Family Preservation Practice Based upon a Multisystem Approach Child Welfare, 71 (May - June 1992), p. 248.

② United States General Accounting Office, Foster Care: State's Early Experience Implementing the Adoption and State Families Act (Report to the Chairman, Subcommittee on Human Resources, Committee on Ways and Means, House of Representatives December 1999).

时间后，社会工作者就成了寄养孩子永久的联系纽带。

在选择好寄养家庭后，孩子必须调整自己以适应寄养家庭的环境。他的行为要开始考虑到家庭中的其他成员，不能对自己和家庭构成威胁。帮助孩子完成以上行为的转变是社会工作者最重要的任务。这是一个持续性的活动，孩子只要还在寄养家庭中，这项工作就不会结束。

寄养机构也不只是家庭一种，还有些服务机构。它拥有寄养家庭所必需的设施，机构中的工作人员成为孩子的父母，机构就是孩子生活的家。寄养在机构中的孩子可能会由于自身生理或心理上的原因没有找到合适的成长环境。比如，有的孩子适应能力比较慢，感情上长期受到剥夺，渐渐地失去了与人沟通的能力，他们可能接受不了去一个替代自己亲生父母的家庭。机构中的孩子在生活的过程中没有必要把自己当作一种经济上的依附和感情上的纽带，生活比较自由，没有来自多方面的压力。

社会工作者对孩子进行寄养时会考虑多种原因，比如家庭破裂，父母不想抚养子女，经济拮据，孩子有天生心理或生理的疾病，或孩子受虐等。在家庭遇到问题时，社会工作者一般是先对家庭进行帮助，尽可能地使其恢复功能，帮助孩子留在亲生父母身边。只有迫不得已的时候，社会工作者才会考虑将孩子寄养到其他地方。通常，需要寄养的孩子（年龄稍大一点的）都要进行一段时间的心理辅导，帮助其消除之前家庭带来的伤害。通过社会工作者的干预保证了孩子的利益，使其在寄养期间获得合理的待遇。

（三）领养服务

美国第一部有关领养的立法于 1851 年在马萨诸塞州生效。其他州也相继立法，如 1867 年宾夕法尼亚州、威斯康星州和伊利诺伊州都制定了有关领养的法律。今天，所有的州都有关于领养的法律。[①]

一般孩子的领养方式有两种：一种是由持有执照的社会服务机构办理；另一种是由对领养感兴趣并且具备一定资源的独立机构办理。社会工作者在这个过程中服务于双方，时刻从家庭和孩子的利益考虑。第二种机构涉及的领养范围从“婴儿”到各种安置业务。想要领养孩子的家庭要做好各方面的准备。被领养的孩子与其他孩子的生活有很大不同，生理或心理上也

---

① O. 威廉姆·法利、拉里·L. 史密斯、斯科特·W. 博伊尔：《社会工作概论》（第九版），隋玉杰等译，中国人民大学出版社 2005 年版，第 246 页。

许受过伤害，领养孩子的家庭要有针对性地对待自己的孩子跟领养的孩子，要有处理领养孩子各种要求的准备。上述的第二种独立机构不会处理孩子与领养父母感情上的事情；对于社会服务机构来说，领养孩子有很多种标准，如果没有满足全部的需求就可能领养不到孩子。

尽管独立机构有这些不利之处，但1993年只有6个州将独立领养定位为非法。[①] 这种安置正在增长，并且会继续增长。它对于领养家庭来说有较大的自主权，孩子比较容易领养，并且等待的时间也可能不长。社会服务机构的严格则能够保证领养孩子跟家庭的利益，并且这种照顾是持续性的。

在领养过程中，社会工作者要解决的问题是：(1)为孩子找一个合适的家，让他们明白父母代表的含义；(2)为想要做父母却没有实现的找到合适的孩子。

过去的几十年里，领养孩子的程序发生了巨大的变化。20世纪80年代之前，生身父母和被收养的孩子彼此很少了解，因为机构要确保双方资料的保密性。随着社会对获得个人资料和参与决策过程的重视，收养变得“公开”了。这主要变化在于安置孩子之前，有生身父母的家庭要与领养家庭之间有个初步的接触，孩子安置之后也会有接触。两个家庭的接触频率由自己决定，但一般生身父母会查看领养人的资料，同有领养意愿的夫妻见面，从中进行选择。接触的形式和频率被看作是领养孩子前的一项重要工作，让生身父母有高度选择权跟决策权对领养孩子来说会更有帮助。社会工作者的干预使得孩子在进入领养家庭后能得到像领养家庭中亲生孩子一样的照顾，有一个安全、稳定的成长环境。

(四)保护性服务

在某种意义上来说，无论是短期的寄养还是长期的领养，所有的儿童社会工作都是一项保护性的服务。孩子和社区是由法庭和执法机构来保护。这一方面的保护性服务主要是预防虐待、疏于照看和剥削孩子，目标是通过协助父母提高照顾孩子的能力。它的着眼点是家庭，正是由于家庭中的一些问题使得孩子无法得到全面的照看。

社会工作者提供的服务很少能像保护性服务这样需要很娴熟的技巧和

---

① Richard P. Barth, “Adoption,” in Encyclopedia of Social Work, 19th ed., Vol. I. Washington, DC: NASW Press, 1993, p. 48-49.

能力。在这方面服务的工作者,不仅要通过自己的能力帮助孩子找到安稳的家庭,要使孩子与家庭融合,还要解决孩子之前因受过伤害造成的心理阴影。

近几年,美国的保护性服务有了很大的扩展,并有所改进,包括了预防对孩子的虐待和疏于照管的规定,还向遭受严重家庭虐待和持续虐待的孩子提供服务。

保护性服务所提供的支持使家庭的力量得以保存,孩子可以在自己的家庭中得到帮助,身心都有一种安全感,能更好地生活,进行调整。身体受虐待、疏于照管、性虐待、不及时为孩子治病和精神虐待是保护性服务关心的几个问题。这些服务设立在州家庭服务部,在有人举报的时候就采取行动,阻止这些事情的发生。①

第三节 美国青少年社会工作

青少年是一个国家和社会重要的发展基础,他们的"健康程度"也是社会关心的重要方面。在美国,社会逐渐复杂,环境发生改变,青少年这一群体不再是之前简单的白纸。面对复杂的环境,他们要适应社会,然而在这一过程中青少年会面临一些发展困境。青少年社会工作对于这个群体进行了全面有效的介入,开展了多种形式的服务。本节内容将重点介绍青少年法庭、青少年矫治和青少年服务这几方面的内容,学校社会工作将在后面章节中单独介绍。

一、美国的青少年问题

在美国,青少年的生存和发展问题,是一个异常严重的问题,迫切需要得到社会的支持。自杀、吸毒、逃学、犯罪以及各种心理问题,阻碍了青少年的健康成长。

1. 青少年非正常死亡

美国有3400万青少年,每年约有3.7万名青少年死亡,其死亡率令人震

① Patricia W. Soyka, Unlocking Human Resources: A Career in Social Work. New York: Public Affairs Committee, 1971.

惊。死亡原因主要是一些充满危险的行为。在每年死去的3.7万名青少年中，约半数与酗酒相关，有30%死于车祸，约1万人是被人杀死、自杀或死于艾滋病并发症。①

2. 吸毒

吸毒是美国青少年中普遍存在的问题。2005年的抽样调查显示，12岁及12岁以上的人口中有8%即2000万人在过去的一个月使用过违禁药品。在18岁至25岁组别中有20%的人在过去一个月中吸食过违禁药物。根据美国密歇根大学从1991年到2011年共计21年对8年级、10年级和12年级的学生进行的跟踪研究表明，美国学生使用非法毒品的比例不仅没有下降，反而呈现明显的增长趋势。2011年比1991年，"一直使用任何非法毒品"的普遍状况，8年级增长了1.4%、10年级增长了7.1%、12年级增长了5.8%；"每年使用任何非法毒品"的普遍状况，8年级增长了3.4%、10年级增长了9.7%、12年级增长了10.6%；"每月使用任何非法毒品"的普遍状况，8年级增长了2.8%、10年级增长了7.6%、12年级增长了8.8%；"每天使用大麻"的普遍状况，8年级增长了1.1%、10年级增长了2.8%、12年级增长了4.6%。②由此可见，美国的青少年吸毒问题日益恶化。

3. 未成年怀孕

少女怀孕是美国的一大社会问题。根据美国人口调查局和国家儿童调查部的报告显示，每年有10%的少女怀孕，其中25%的少女母亲在第一个孩子出生后一年内会生育第二个孩子。③根据美国疾病预防及控制中心（CDC）提供的数据显示，2005—2006年，15—19岁青少年产子的比例上升了3%。在2006年，每1000名青少年中便有41.9宗产子个案。这种风气会对涉世未深的青少年造成影响，若不想办法遏止，恐怕会成为一个严重的社会问题，情况令人忧虑。④

---

① 陆士桢、王玥：《青少年社会工作》，社会科学文献出版社2010年版，第232页。

② 查明辉：《美国禁毒社会工作的内容与绩效研究》，《社会工作》，2012年第12期。

③ 李智红：《美国的青少年问题分析及对策》，《河北青年管理干部学院学报》，2006年第2期。

④ 中国新闻网，美国青少年未婚怀孕成风 恐成为严重社会问题，2008年9月4日。http://www.chinanews.com/gj/bm/news/2008/09-04/1371473.shtml.

4. 校园暴力

校园惨案在美国是个老问题。美国1/10的学校每年至少发生一次严重案件，而且不少表现为枪杀暴力。[①] 2012年12月，美国康涅狄格小学发生校园枪击惨案，造成28人死亡，其中包括20名儿童。这是2012年美国发生的最血腥、死亡人数最多的枪击事件，这也是继2007年导致33人死亡的美国弗吉尼亚理工大学枪击案后的另一起最严重的校园枪击案。而凶手亚当·兰扎年仅20岁，先在家中杀死了自己的母亲，后到小学行凶。[②] 校园枪击案件频繁发生，给不少青少年带来巨大的心理恐惧。

5. 种族歧视

在美国，种族歧视和种族冲突也是青少年问题之一。对中学生的调查显示，15.5%的白人中学生对黑色人种多少存在偏见，而14.1%的黑人中学生对其他人种有偏见。一半以上的中学生表示不愿与不同人种的同学来往。[③]

二、美国青少年社会工作概况

在研究青少年社会工作时，首先要了解美国对于青少年这一群体的年龄划分，以便能更好地理解具体的社会工作服务所针对的特定年龄范围的人群。在美国，“juvenile”和“youth”都表示青少年。其中，“juvenile”是指年龄段在9岁至12岁；“youth”是泛指13岁至30岁；13岁至19岁是“teenager”；20岁至30岁是“young adult”。美国的青少年社会工作服务主要包括青少年法庭（juvenile court）、青少年矫治（juvenile correction）、青少年服务（youth service）和学校社会工作（school social work）。[④] 通过以上各种服务的名称，就可以判断出该服务所针对的服务对象的年龄段。

① 人民网，美国发生史上最惨重校园枪案，2007年。http://world.people.com.cn/GB/8212/81833/index.html.

② 人民网，美国康涅狄格州发生校园枪击案，2012年。http://world.people.com.cn/GB/8212/191606/353418/.

③ 陆士桢、王玥：《青少年社会工作》，社会科学文献出版社2010年版，第232页。

④ 童小军：《美国的青少年社会工作》，《中国社会报》，2007年6月15日，第004版。

三、美国的青少年法庭

美国社会认为，青少年有尤其独特的发展需要，应该给他们不同于成人的法律系统来保障他们的权益和福利。从1899年伊利诺伊州建立第一个青少年法庭到现在，美国50个州都有自己的青少年法庭。

1. 青少年法庭和社会工作

青少年法庭，指由青少年判决，陪审员、检察官和辩护人且都是青少年的法庭，又称之为“青少年学生法庭”。但是“青少年学生法庭”并不与“少年法庭”一样被纳入美国司法系统。它实际上是一种具有民间性质的准司法机构。青少年学生法庭是由少年法庭、警察机构或地区检察官组织的，并且要在当地法官的指导下进行活动。

社会工作者在青少年法庭中扮演着重要角色。其负责的工作分为两类，第一类是与法庭系统相关的，第二类是和青少年回归社区相关的。社会工作者负责的具体工作内容有：

(1)为法庭提供犯罪事实调查报告，协助法庭对罪行的认定。

(2)对青少年罪犯法庭适应力的评估，协助法庭维持正常的审案程序。

(3)协助执行法庭的判决，除了为青少年本身提供服务，还需要与青少年相关的家人沟通，保证法庭的判决能够顺利有效地得到执行。

(4)社区协调服务，帮助青少年尽快回到社区，过上健康的生活。[①]

2. 青少年法庭的特点

由于青少年学生法庭是一种民间组织同时又是一种准司法机构，青少年在初犯、并且犯罪情节不严重的前提下可以自己选择是接受少年法庭还是青少年法庭的审判，如果不具备以上情节就要接受较为严厉的少年法庭的审判。在青少年学生法庭的人员设置中没有法官，均是由学生检察官起诉、学生辩护人替被告辩护，最后也是由青少年组成的陪审团作出恰当的判决。其中陪审员、检察官是在学校招聘青少年学生法庭的组成人员时自愿报名选拔的，在法庭中的工作时间可以算作学生按学校规定参加公益义务

---

① 童小军:《美国的青少年社会工作》,《中国社会报》,2007年6月15日,第004版。

劳动的时间。另外的辩护人则是由被告在同学或朋友中聘请，也可以听从青少年学生法庭的安排。这种学生审判学生的方式会让被审判的学生心中形成一种心理阴影，为了防止这种情况的发生，被审判的学生也被要求在以后当一次陪审员。这样不仅可以防止不好的情况发生，而且也能让他们更好地理解法律，懂得惩罚的意义。以上法庭人员都要经过法律培训，在他们初次开庭的时候，专业的法官、检察官、律师也会向他们作关于诉讼程序和惩罚许可限度的介绍，做到公平正义。

犯罪少年的惩罚是在当地法官的指导下由青少年学生法庭的组织者自行确定，主要惩罚有写道歉信、作文、在养老院干活、到公园打扫卫生等公益劳动，另外还有去参观所也是一种起到震慑作用的惩罚。在某些州，学生法庭还施以在一段时间内吊销驾驶执照的处罚。

青少年学生法庭的工作是很有成效的，因为无论是其工作人员还是审判对象全都是同龄人，同龄人之间最容易受到彼此的影响。青少年的违法行为有时也是受到了同龄人的教唆，比如为了向朋友们显示自己的“勇猛”，或者为了其他的不理性目的。对于青少年的教育，同龄人之间能更好地进行沟通，彼此之间更容易理解对方。

四、青少年矫治工作

1. 青少年矫治与社会工作

矫治是刑事司法管理包含的4个程序之一。这4个程序包括：

(1)执法。它是收集报告上来的罪犯的证据，侦查和逮捕犯罪嫌疑人。

(2)起诉和辩护。它是准备上法庭并在法庭上陈述犯罪案件。

(3)判决。它是决定是否有罪和如何量刑。

(4)矫治。它是负责执行刑罚。①

美国1995年版的《社会工作辞典》把矫治定义为：“法律性特殊工作，目的是通过监禁、假释、缓刑，在理性的情况下通过教育方案和社会服务，来改

① Patricia W. Soyka , Unlocking Human Resources: A Career in Social Work, New York: Public Affairs Committee, 1971, p. 6.

变和修正认定犯罪的人的行为。”①

青少年矫治是指对触犯了法律的未成年人进行的一系列专业干预手段。美国多数州的法律规定,21 岁以下的罪犯均为“未成年人”罪犯,即青少年罪犯。2002 年,全美法庭处理的青少年罪犯案件 160 万件。在这 160 万件案件中,有 38% 的案件被判接受感化教育。感化教育可以在不同地方以不同方式进行,比如青少年拘留中心、居住社区的日间项目(晚上需要到拘留中心)、社区项目等。一些更集中和强化的矫治方式有训练学校、青少年强化训练中心、“休克式”训练项目、探险训练项目以及跟踪服务。社会工作者是提供感化教育的主要力量。从事感化矫治工作的社会工作者需要具有相关的法律知识,并需要采取个案、小组和社区等多种多样的形式,对服务对象进行较为严格的督导。由于感化对象的年龄跨度会比较大,社会工作者需要针对他们的年龄特征和发展需要,整合资源,满足他们的需要(如学业或就业的需要),为他们提供良好的矫治和成长环境。②

开展矫治社会工作主要包括 4 个内容:社会研究(发现问题),评估(界定和评估问题),治疗(解决问题)和结案。前三部分的工作一般是在刚开始的时候同时展开,可能各阶段的重点会有所不同。

在与青少年越轨者和犯罪者进行沟通时通常有两种环境:机构环境和非机构环境,后者指的是缓刑或假释。无论是哪一种环境,对于他们来说心理上都有一定的压力,加上本身之前的违法行为,面对这些情况的时候,社会工作者要在一段时间内尽量与青少年建立起良好的关系,让他们信任自己,从而能敞开心扉,诉说自己的感受,并且能够接受社会工作者的一些价值观,意识到之前行为的错误性,改变自己,重新回归社会。与当事人之间的关系是社会工作者工作的关键,运用社区资源也是一项重要任务。这就是说,社会工作者要从心里接纳当事人,理解和尊重他,让他与工作者产生感情,主动倾诉自己的感受、想法和愿望。然后通过这一温暖的、有支持性的关系,当事人就可能会因为感受到尊重而改变。社会工作者要抱有非批评性的态度,能敏锐察觉当事人的需要,不管当事人的品行在之前有什么不当之处,都要表现出尊重和包容性,不要戴着“有色眼镜”进行交流。

---

① Robert L. Barker, The Social Work Directionary, 3rd ed. (Washington, DC: NASW Press, 1993), p.48 - 49.

② 童小军:《美国的青少年社会工作》,《中国社会报》,2007 年 6 月 15 日,第 004 版。

2. 青少年社区矫治

美国对于青少年的矫治行为主要是在社区中进行的。社区矫治(Community - based Corrections),又称为社区矫正,是一种与监狱行刑相对应的行刑方式,适用于对罪行较轻、主观恶意较小、社会危害性不大的罪犯,或确有悔改表现、不再危害社会的罪犯,可以在社区中对其进行有针对性的管理教育和改造工作。美国的社区矫治可以追溯到1841年,波士顿一位叫约翰·奥古斯塔斯的志愿者请求政府将罪犯放在社区中进行监管并给予自由。第二次世界大战后,美国犯罪日益增长,青少年犯罪的比重更是日渐上升,为了减少社会犯罪跟青少年犯罪比重的持续增加,美国政府不得不寻求一种更好的罪犯矫治模式。社区矫治开始得到推广。1973年,美国历史上第一部社区矫治法——明尼苏达州《社区矫治法》出台。[①]

在美国,针对性强的青少年犯社区矫治项目有:

(1)转向方案。转向是指对本应受刑事处罚但情节和危害较轻的罪犯采用非刑事方法处理,避免因进入司法程序而引发标签化副作用。该方案尤其适用于青少年犯,一般通过儿童辅导中心、青少年咨询中心或运用家庭治疗方案对青少年犯进行辅导和教育,使其在社区环境中得到矫治。

(2)家中监禁。违法青少年仍然住在自己的家中,但要按时到指定的地方去工作和学习。这实际上是一种限制人身自由的监外软禁措施,在一定期限内,罪犯须限制在自己的住所范围之内不得随意外出。经过一段时间后,允许符合条件的罪犯到外面去工作或从事其他的正当活动,不过要求其晚上和周末必须待在家里。该方案适用于危险较小并有相对稳定居住条件的青少年犯。

(3)学习释放。这是一种让罪犯到监狱外学习的制度。这类罪犯白天到外面学校读书,晚上回到监狱。这种措施使违法犯罪的青少年能够学会生存技能,为他们将来的就业创造条件,并使青少年罪犯逐步接触社会。[②]

五、青少年服务

青少年服务主要是指为青少年的成长需要而提供的综合性服务。美国

① 刘芳:《美国青少年社区矫治及启示》,《外国中小学教育》,2006年第7期。

② 同上。

的青少年服务主要有辅导和咨询、休闲文娱、信息和转介、预防和发展、临床治疗和预防、(人际/资源)网络建设、政治觉悟培养等内容。这些活动,不论以什么样的形式,大多在正常工作日的白天或晚上进行,其次是周末、其他特殊约定的时间。①

美国青少年服务系统是总统司法管理委员会提出的与建立社区矫治服务有关的200个建议之一。委员会建议每个社区都应该考虑建立一个青少年服务局,“一个社区为本的中心,警察、法庭、父母、学校和社会机构都可以介绍青少年到这里,参加辅导性、教育性、工作性或娱乐性方案,并安置工作”,它将是一个形式犯罪系统之外的机构,处理许多有麻烦和令人棘手的年轻人的问题。②

青少年服务活动的方式有3种,第一是青少年对青少年(youth - to - youth);第二是成年人协助青少年对青少年(adult - and - youth - to - youth);第三是成年人对青少年(adult - to - youth)。活动的目标大约分为4类:

(1)通过“目标达成活动”,从价值观、技能、行为模式等方面进行培养,帮助青少年成为身心健康、有责任感的人,顺利进入成年期。

(2)通过“适应训练活动”,培养青少年应对生活系统(如家庭、邻里或社区等)中出现的各种变化。

(3)通过“整合服务活动”,培养青少年人际交往、自建社会网络的能力。

(4)通过“冲突处理活动”(协调管理),帮助问题青少年成长,实现对他们的指引和社会控制。③

提供社会服务的机构也有4种,分别是青少年发展机构、宗教组织青少年服务机构、学校附属青少年服务机构、社区青少年服务机构。青少年服务机构的经费多来自民间,政府也提供少量经费。

青少年服务机构的目标是要改变或提供一个替代性的服务方案,使得青少年可以远离司法机构,更能为每个年轻人或家庭提供机会,克服困难。服务机构的对象可以是任何年轻人及其家庭,特别是有轻微违法情节或思想,但不至于构成犯罪的少年犯。机构采取的是友好、开放的方式,社会工作者是机构的员工。对于上述青少年,机构面临的结果有:无条件释放,释

---

① 童小军:《美国的青少年社会工作》,《中国社会报》,2007年6月15日,第004版。

② O.威廉姆·法利、拉里·L.史密斯、斯科特·W.博伊尔:《社会工作概论》(第九版),隋玉杰等译,中国人民大学出版社,2005年版,第271页。

③ 童小军:《美国的青少年社会工作》,《中国社会报》,2007年6月15日,第004版。

放但需接受青少年服务中心的辅导;“集体管理”,安置到青少年服务中心的接收站,拘留。中心的服务是全天的,每周 7 天,每天 24 小时向青少年和家庭开放,青少年服务机构还会帮助年轻人就业。①

第四节 美国学校社会工作

现在的学校不再是之前单一教育功能的机构,出现了纪律、暴力、校园枪击、毒品、团伙、欺骗、各种骚扰和价值观改变等一系列的问题。人们寻求各种途径希望转变学校的功能,使之转到正常轨道。学校社会工作就是其中的一个。

一、学校社会工作概况

学校社会工作是“由经过认证和许可的社会工作者在教育组织中提供的社会工作服务。社会工作中的这一专业是以帮助学生成功地适应和调整,影响学校、家庭和社区来达到学生发展的目标”。② 其工作对象是全体中小学生、家长和老师;工作场所是中小学校和其他教育场所,比如家庭和少年儿童活动中心;工作目标是帮助中小学生顺利地完成学业,健康成长,自信地面对未来。

学校社会工作自 1906 年开始就一直在公立学校中存在,那一年美国很多州都开始使用这一模式,由于得到了校董事会、社会工作院校和公众舆论的支持,这一服务一直在稳步前进。目前,美国大多数的州立教育法都规定,中小学校必须雇用学校社工或心理咨询师,除了提供一般的身、心、智健康教育和服务外,主要负责对问题学生(包括身体残疾、智力残疾和有心理问题的学生)的帮助。

学生无论是学业还是其他方面出现了问题,都可以向学校社工寻求帮助。学校社会工作者首先需要和问题学生的所有校内“系统”进行接触,包括身边好友、同班同学、班主任、任课教师、相关教辅人员,乃至校长等;其次

---

① Eleanor L. Brilliant, “Social Work Leadership: A Missing Ingredient ?” Social Work, 31(September - October 1986).

② NASW. Standards for School Social Workers Services [S]. Washington, DC: National Association of Social Workers. 2002.9.

是校外“系统”，比如家庭、家庭所在社区等。如果问题学生曾有过犯罪记录，学校社工还需要和司法系统联系并了解情况。所以，美国的学校社会工作者根据具体问题，需要在这些“系统”之间做大量的协调工作，从而为帮助问题学生解决问题创造最好的条件。

学校社会工作者大多受雇于各校区的教育局，需要接受社会工作硕士（学校社会工作方向）的专业训练。他们通常采用个案辅导和咨询、小组活动、家访、社区动员和教育等方法，与学校体制之内的各个方面（校长、教师和教辅人员）及社区机构人员（社会福利服务人员、精神健康专家、司法矫正专家和职业教育人员）密切协调配合来实现服务目标。①

二、学校社会工作体系

美国学校社会工作在法律、政策、机构、人员安排、资源协调方面都形成了一套完备的体系。其主要由4部分组成，分别是：

1. 政府机构，负责提供政策、法律和经费等支持。

2. 社会服务机构，如非政府组织（NGO）和非营利组织（NPO）等，负责具体工作的开展，如资源的协调、社工的分配、指导和监督、与学校协商等。

3. 社工教育与学术界，负责培养未来的社工并对社会工作进行理论上的研究。

4. 基础教育合作体系，基础教育部门有相应的机构设置，可以及时、多渠道地与社工合作。

美国有灵活的社会工作资源协调体系。学校社会工作的资金来源是多渠道的，有联邦政府、州政府和地方政府、企业。此外，社区组织、工会、慈善机构、宗教组织、基金会等也分别负担一些社会服务项目的资金。在管理方式上，采取政府统一管理和社区分散管理相结合的方式，保证资源的合理调配。②

---

① 童小军：《美国的学校社会工作》，《中国社会报》，2007年6月28日，第004版。

② 闫广芬、苌庆辉：《美国学校社会工作体系架构及其启示》，《外国教育研究》，2008年第4期。

三、学校社会工作实践模式

美国社会工作学者艾尔德森(Alderson)提出4种学校社会工作模式,分别是:传统临床模式(the traditional clinical model)、社区学校模式(the school - community model)、学校变迁模式(the school - change model)和社会互动模式(the social interaction model)。这4种模式被称为传统模式。还有一种学校—社区—学生关系模式(school - community - pupil relations model),开始被越来越多的学校社会工作者采用。以下分别介绍这几种实践模式。

1. 传统模式

(1)传统临床模式

传统临床模式是社会工作者直接对案主提供服务或治疗的一种工作模式,它注重"工作者—案主"之间的关系,并以个案工作为主要方法。此模式主要在20世纪20年代产生,在与学生进行沟通的时候采取个人取向或者说是一种心理取向。社会工作者同案主进行一对一的交流,要敏锐地察觉案主的情绪或受到的压力,运用专业的技术和方法帮他们处理这些压力,而不是为压力所迫,建立还没准备好的关系。

此模式的工作重点是社会关系、社会能力失调的学生。目标是使学生有较为理想的社会功能与有效的情绪管理能力。工作对象是学生及他们的父母。该模式认为学生情绪与心理问题来源于家庭,尤其是亲子间的互动问题。工作方法上使用个案工作,有时也使用小组工作。

(2)社区学校模式

社区学校模式主要关心"学校—社区"之间关系的失调,并想方设法促使社区居民增进对学校的了解和支持,从而帮助学生较早地了解学校,适应学校生活。这一模式产生于20世纪60年代,是学校社会工作服务的延伸,关注的是学生成长的环境因素——社区。然而,学生接触时间最长的地方——学校,却没有得到深入的关注和了解,这也是学校同社区之间的矛盾。社区模式的出现体现了社会工作者同学校之间的关系,并且其应用同传统临床模式相比又向前迈进了一步。

此模式的工作重点是文化失利或被剥夺的社区。目标是加大对社区的了解与支持,帮助这些社区家庭环境中的学生。其工作目标是帮助学校与社区相互了解。

(3)学校变迁模式

学校变迁模式是指在学校体系或教育体系中不能随着社会变迁的需要作出适当的改变,以增加学生困扰时,用来促进学校作必要变迁的一种工作模式。学校变迁模式始于20世纪70年代,主要受到社会主流视角取向的影响,这一时期的服务开始直面学生成长的直接环境,侧重对学校中困扰学生成长的政策和措施进行调整,有一定的挑战色彩。此模式意在促进学校社会工作者与学校之间的关系进一步巩固。

此模式的工作重点是学校的环境;目标是改变学校不适当的情况;工作对象是整个学校。该模式认为问题的根源在于学校本身。工作方法上,多采用小组工作的方式对学生、教师和行政人员开展活动。

(4)社会互动模式

这种模式的应用主要在20世纪70年代之后。社会互动模式的工作重点是学生与学校间的互动,找到互动中的问题,发展彼此互助的系统,去除阻碍彼此互动的障碍。该模式认为学生的问题来源于他与学校各个系统间的互动出现了问题,又无法得到帮助。通过改善与协助双方的沟通,建立互助系统,经个案、小组和社区的工作技巧,可达成工作目标。在某种意义上,此种模式是前三种模式的整合,是从全面的观点去关心案主以及各种影响因素的交叉作用,以便能够更好地协助有困难的学生。

2. 学校—社区—学生关系模式

该模式强调学校、社区、学生及三者之间的相互作用。目标是促成学校与社区、学校与学生、学生与社区间关系的改变,以减除受助学生的压力。工作的重点是处理学校运行的缺陷、家庭与社会的不足,并改变学生个人特质方面的缺陷。学校社会工作者的角色是调停者、谈判者、咨询者、提倡者、支持者。他们以社会学理论和系统论为理论基础,倾听学生的抱怨,帮助学生、教师和员工建立起非正式群体。他们研究和评价学生、学校、影响目标群体(比如药物依赖者、残疾者等)的受教育机会的社区环境。① 现在,越来越多的学校社会工作者采纳这种工作模式。

近年来的美国学校社会工作强调多种模式的综合运用,注意学生、家庭

---

① 闫广芬、苌庆辉:《美国学校社会工作体系架构及其启示》,《外国教育研究》,2008年第4期。

和社区的综合作用,也关注与之相关的其他工作领域的发展。

第五节 美国家庭社会工作

家庭被视为是人类社会的基本单位,它也是包括社会学家、社会工作者、精神病学家等研究的重要领域。家庭不仅是儿童生理上成长的摇篮,而且也是心理上的寄托,家庭的影响对孩子来说是一生的。在美国,家庭社会工作的介入,丰富了家庭服务的内容和形式,革新了家庭教育的手段和方法,满足了不同家庭的各种需求,提高了家庭服务的质量和水平。

一、家庭社会工作概况

美国社会工作界对家庭形式的划分是以孩子为基础的,例如,美国的家庭包括:父母和孩子组成的核心家庭,单亲父母跟孩子的家庭,非监护人父母和孩子组成的家庭,扮演父母角色的祖父母、其他亲戚和孩子组成的家庭,领养和收养孩子的家庭。[①] 家庭社会工作是以家庭为中心,运用社会工作专业知识、方法和技巧,整合家庭资源,强化社会工作过程,解决家庭问题,促进家庭成员的发展,提高家庭生活质量的社会服务。

专业性的社会组织与服务工作的出现,标志着美国家庭社会工作逐渐转变为专业性治疗工作。家庭社会工作领域的服务内容有家庭治疗、婚姻咨询和治疗、儿童日间照顾服务、儿童领养、儿童寄养、少女怀孕服务、未成年父母服务等。因部分内容与儿童社会工作、青少年社会工作有交叉,前面内容有相关介绍,下面主要介绍婚姻咨询与辅导、以儿童为服务对象的家庭社会工作和以妇女为服务对象的家庭社会工作。

二、婚姻咨询与辅导

美国社会的离婚率居高不下,家庭在解体,单身父亲或单身母亲也逐渐增多。婚姻辅导这种形式越来越普遍,它是就性和婚姻方面的问题提供建

① Pat Conway. 多样化的美国家庭和美国家庭社会工作讲座. http://www.apss.polyu.edu.hk/lamwoo/docs/upload/plenary_session_2.pdf.

议和指导的服务。在美国专业婚姻辅导机构有很多,性质也不一样。最初尝试开展婚姻和家庭辅导服务的是私人福利机构,它作为慈善组织运动的一部分远在一个世纪之前就已经开始发展了。

辅导服务可以分为三类:婚前辅导、婚姻辅导和家庭辅导。

1. 婚前辅导

婚前辅导主要是协助个人或谈恋爱的人解决在恋爱或准备结婚的过程中出现的问题。婚前辅导的人数在增加,他们在家庭服务机构、大专院校和许多的私立机构中服务,工作的目的是协助人们用成熟的方式为结婚作准备,协助他们根据个人的情形成熟地步入婚姻殿堂。

2. 婚姻辅导

婚姻辅导是帮助婚姻中的夫妻解决所面临的问题。夫妻相处的时间是一辈子,在这持续性的时间过程中,难免会遇到各种各样的问题,生活中会有各种摩擦,社会工作者的主要工作是协助夫妻解决这些问题,能够更好地经营婚姻生活。

3. 家庭辅导

家庭辅导的对象是婚姻中的夫妻和孩子组成的群体,涉及孩子的管教,家庭主要财政的管理、使用,孩子的教育等需要接受训练才能解决好的问题。除了向传统的核心家庭提供辅导外,今天的辅导员还要同许多新型的婚姻和家庭沟通,协助他们解决问题。比如再婚家庭,这类家庭在 2010 年已经超过美国其他类型家庭的数量。

三、以儿童为服务对象的家庭社会工作

美国家庭社会工作始终以促进儿童及青少年的健康成长和发展为大前提,其服务对象也相应地以儿童及青少年为重点。为了促进儿童及青少年的健康成长,美国家庭社会工作涵盖了以下内容:

1. 弹性的教育制度

美国实行义务教育制度,对象为 5 岁至 18 岁的未成年人。但在执行义

务教育的过程中有一定弹性。比如,16 岁至 18 岁的未成年人可以选择参加工作,而不再接受义务教育;法律允许儿童及青少年在得到当地学校同意的情况下在家庭中接受教育;与儿童及青少年教育有关的特殊问题,由政府教育部门和家长共同承担,一些不愿意在学校接受学历教育或者正常上学有困难的儿童,可由专业服务机构比如社区服务中心来承担他们的教育,并颁发相应的学历证书。为了保证这些专业服务机构的教育的有效性,美国法律规定在这些专业服务机构提供教育的过程中必须有专业社工的介入。

2. 以家庭为工作对象的医疗制度

美国家庭社会工作者在提供专业服务时特别强调以家庭为视角,强调维持家庭的功能,整合社会资源,特别是在介入儿童及青少年的医疗活动时不仅关注直接服务对象儿童及青少年本人,更关注其所在家庭及其所处的社会环境,尤其是多种疾病同时发生的家庭。由于考虑到儿童及青少年的许多疾病会对其他家庭成员甚至整个家庭产生严重的影响,一旦儿童及青少年入院,家庭社工需要与医务社工、学校社工、社区社工合作为儿童及其家庭成员提供各种服务。家庭社工必须对整个家庭进行评估,评估该儿童的疾病对家庭可能造成的影响;提供家庭危机辅导,帮助家庭面对孩子的疾病以及因此可能发生的困难;开展相应治疗,帮助家庭接受和正视该儿童生病的现实并配合医生进行治疗;进行资源调配和整合,帮助家庭安排该儿童在医院中的护理、陪伴和接送等工作,并帮助该儿童及其家庭争取资源,确保儿童不因疾病导致社会适应功能的丧失,同时支持整个家庭渡过危机,恢复功能、适应社会。①

3. 家庭管教制度

美国社会特别强调儿童及青少年的安全,专门成立了儿童及青少年保护机构(children/adolescents Protective Agency),以社区为基础制订预防方案与危机干预方案。美国社会尊重父母管教孩子的权利,但一旦父母无法进行正当的管教,管教的义务就交由政府或相关社会组织承担。社工服务机构可以提供针对儿童虐待和忽视现象发生的预防性服务,防止虐待、忽视甚至遗弃儿童现象的发生。美国还设有专门的报告热线电话,如果儿童在家

① 袁光亮:《美国家庭社会工作及其对我国的启示》,《理论月刊》,2012 年第 4 期。

庭中有被忽视、挨打的现象，社工、医生、教师没有及时报告，将会受到相应的法律制裁。如果发生了以上现象，儿童就会被从家庭照顾中转移出来，接受抚养和临时安置服务。临时安置的可能去处有：亲戚家；专业的儿童及青少年抚育父母家；团体照顾或团体家庭（负责照顾的团体或家庭需要执照）；家庭护理机构。因为原生家庭对孩子的成长更加有利，家庭社工会尽力帮助家庭改变以便儿童可以返回自己的家中。①

4. 强调专业支持的家庭服务

美国成立了许多社工服务机构，对有需要的家庭提供专业支持，对困难孩子提供专业服务。比如，纽约阿克曼家庭研究所（Ackerman Institute for the Family of New York），其宗旨是推动家庭前行（Moving Families Forward）。底特律辅导中心的宗旨是加强家庭，改变生活（Strengthening Families，Changing Lives）。机构设有家庭资源中心、社区服务中心，可以提供社工专业服务和多种志愿服务。为了确保社工服务机构的专业性，美国法律要求这些服务机构必须得到专业教育机构的支持，也要求专业教育机构的师生必须到服务机构参加专业实践。比如，纽约西奈山医院、纽约犹太家庭和儿童服务中心、纽约唐人街王嘉廉心理健康中心，都与哥伦比亚大学社会工作学院保持合作关系，底特律市西南辅导中心、底特律市辅导中心都是密歇根大学社会工作学院的合作单位。②

四、以妇女为服务对象的家庭社会工作

1. 家庭暴力问题

妇女一直是社会中的弱势群体，她们在婚姻生活中可能会受到更多的伤害。近年来，一个全新的需要救助的妇女类型引起关注，就是在家庭中遭受家庭暴力的妇女，即受虐待的妇女。美国医学界在一项声明中指出，有多达 1/3 去门诊看病的受伤妇女所受的伤不是她们所说的“意外事故”造成的，而是家庭暴力。家庭的虐待不只是身体上的惩罚，更严重的是精神上长期受到贬低和奚落。

---

① 袁光亮：《美国家庭社会工作及其对我国的启示》，《理论月刊》，2012 年第 4 期。

② 同上。

在家庭中，当妇女受到虐待的时候，受伤害的不只是她们自己，亲眼目睹这场暴力的儿童也受到深远的影响。这一过程在他们心目中留下深刻印象，更多的调查表明，在儿童时期目睹过家庭暴力的孩子比没有经历过的孩子的暴力倾向更严重，更有甚者导致心理变态。

施虐的人中各种社会地位和职业的男人都有，经济状况也良莠不齐。常有的情况是他们在社区中是受人尊敬的男人，受到过良好的教育，在工作中表现也比较出色。因此他们不会轻易接受机构的帮助，此时需要跟司法系统建立联系，由法官出面强制性地要求他们参加辅导活动。家庭中的受虐妇女可能会为了保护孩子和自己都有一段时间的挣扎，无法决定是否将丈夫送向法庭。因此，很多的情况是没有法庭的介入。

2. 家庭社会服务机构

鉴于以上问题，几乎所有的州都建立了家庭社会服务机构，保护和照顾那些身心受到虐待的人。这些服务项目的基金常常来源于社会服务部门、慈善基金会、家庭服务会和联合劝募组织等。

社会工作者在各种类型的机构中开展婚姻和家庭辅导工作，他们的工作既有民间性的，也有公立性的。大部分辅导工作都是由州福利部门的社会工作者做，许多法庭也都有固定的社会工作者。社会工作者运用多种多样的助人手法和理论开展辅导工作，包括角色理论、交换理论、家庭治疗、系统理论、心理分析等。大多数婚姻辅导都是个人性的，同时还会用到小组工作的方式。

社会工作者在美国的民间家庭辅导机构也扮演着重要的角色，最能体现这方面的是他们在美国家庭服务会的地方分支机构提供的服务，这些非营利性支援机构分布在北美地区。在这些机构中，社会工作者帮助提供辅导性的服务，通过教育和其他手段强化家庭功能，使双方认识到家庭的重要性，彼此能够对社会工作者倾诉自己的感受、想法和对对方的意见。社会工作者帮助他们进行有效的沟通，运用这种方法解决生活中的问题。如果家庭中出现了暴力问题，社会工作者面对这种问题要采取合适的价值观，不会因为自己的理解对当事人提出自己的看法，劝其对婚姻作出某种选择。社会工作者做的是在法律上保护受害者，让婚姻双方自己做出选择，时刻记住社会工作的理念是“助人自助”。

社会工作者服务的各种机构致力于上述家庭社会工作，通过以上的努力,保护整个社会中妇女的利益,增强她们的自我保护意识,帮助困难妇女挖掘她们的潜力。

第六节　美国精神健康社会工作

精神健康一直是美国社会关心的重要方面,在1977年和1987年总统签署的法律(公共法99-660)中,都提到了要各州为严重精神病患者制订综合计划,并为精神健康服务提供费用。美国滥用药物和精神健康服务局(Substance Abuse and Mental Health Services Administration)报告显示,2010年,美国每5人中便有1人患有某种精神疾病。5%的美国人患有重度精神疾病,影响了他们的正常工作学习和生活。调查还显示,2011年,全美成年人中约有1140万人遭受着重度精神疾病的折磨,870万人考虑过自杀。这些人当中,超过200万人曾制订过详细的自杀计划并有100万人自杀未遂,将近200万(8%)的青少年经历过重度抑郁发作。

一、精神健康社会工作的发展

美国的精神健康领域专业社会工作是从医院开始的。1906年,社会工作成为纽约曼哈顿州立医院的一项服务,随后在波士顿精神病医院等也相应设立。到1920年,总共有42家医院设立了社会工作机构。第二次世界大战以后,在红十字会的推动下,社会工作者进入了部队医院,首次成为美国的军队工作者,完成了从民用到军用的转化。

早期的精神健康领域社会工作人员主要运用人性化的治疗方法,以去除过去用祈祷或魔法驱除邪魔的蛮横的中世纪治疗方法。第二次世界大战后,对大量老兵的治疗方案引起人们极大的关注,人们开始更深入全面地研究精神健康社会工作方法。1964年,美国颁布的《精神健康法案》极大地促进了精神病学、社会工作、心理学和护理学科人才的开发和培训,并形成了一支研究精神健康的专家队伍,完成了精神健康社会工作的从业者从一般社会服务人员到精神健康领域专家团队的转型。由于美国精神健康的治疗方式是在民间力量的推动下发展起来的,因此它的全面推广经历了较长的过程。在1963年的肯尼迪总统演讲中,提出的三大任务中就包含了精神健康服务,政府开始介入到精神健康社会工作的全面推广。

二、精神健康服务状况

精神健康公共服务体系的建立是为那些患有严重精神病、陷入危机、需要精神服务、并要长期受到约束的机构中接受长期照料的人们提供服务。这种服务要确定服务的对象是谁,是由谁来提供服务。治疗服务包括全天24小时的紧急处理,目的是使有需要的人能及时得到帮助,并能够较快地适应这种治疗。

精神患者一般都可以得到由多学科人员组成的小组所写的诊断评估报告,这份报告包括与个人之间的沟通信息,还有家庭成员提供的信息。根据此报告拟订一份治疗方案,该方案的制订要根据患者的实际病情、心理承受能力、社会提供的资源等多方面考虑,必要时进行跟踪评估。

依据诊断评估报告所制订的治疗方案,由于案主的不同,所提供的服务方式也不同。个案管理服务是精神健康服务的一种,由一名或一组人员专门为该患者提供长期的、照顾性的和支持性的服务,这种服务要充分利用社区的资源。日间服务是在每星期提供四到五天的服务,包括周末。这种服务提供给短期内病情较稳定的患者,必要时根据患者的病情进行相应的调整。心理社会健康服务是帮助严重精神病患者真正认识社会,获得在社区、工作环境和学校中社会化必要的技巧,最终不需要医院和药物治疗。门诊治疗包括个别治疗、小组治疗和支持性辅导,它提供给所有需要的对象。

公共精神健康部门为精神疾病患者提供一个全面的支持服务系统,病人在通过接受治疗恢复到能适应正常生活的状态时,需要在由工作人员监护的集体群居场所过渡一段时间,这种做法是个案管理者通过跟踪服务确保他们能真正的独立生活,确保卫生和营养。

进行精神咨询服务的社会工作者一般都须考取执照,有时也被称为临床社会工作者(clinical social worker)。社会工作者和心理医生是有区别的,心理医生更重视个体的因素,而社工更关注个人与环境、资源的关系。心理医生可以进行药物治疗,而社工无权开处方。

三、精神健康服务的主要机构设置

(一)精神病医院

精神病医院是精神健康服务网络的一个重要组成部分。一般可以分为三类:(1)州和县级医院;(2)退伍军人管理部门所属的医院;(3)私立医院。他们是精神病患者暂时或长期居住的地方。这些医院的人员配置要具有专业医学知识与心理学知识,能够防止病人自杀行为和嗜杀成性行为的发生。

首次住院的精神病人总是认为医院的治疗与他们所期望的结果是背道而驰的,而且患者的家属可能会存在一些不切实际的想法,认为患者进了精神病医院就是永久的居住,不会离开,由此认为自己卸下了包袱,这些想法使得他们开始逃避在患者治疗过程中应尽的义务和责任。第一次住院的病人会担心自己受到攻击、侮辱还会失去自我,孤独又失去自由的病人非常沮丧。在入院的时候,社会工作者要帮助患者消除恐惧心理,适应医院生活,减轻他们被隔离的痛苦。与此同时,社会工作者也要帮助患者家属接受这一事实,协助其共同参与治疗,使病人尽早出院。当病人确认他们的家属在继续关心他们并参与治疗后,治疗的效果会更显著。当患者接受事实、得到帮助而自信心增强后,他们会期待着与家人的团聚。

社会工作者不仅关注病人与医生之间的关系,同样要关注病人与家庭和社区的关系。当病人信任医务人员、开始理解和接受治疗时,效果是最佳的。病人在接受治疗的过程中不要让他们对家庭、社区、社会失去兴趣,要帮助病人维持交际中重要的人际关系。同时,社会工作者能够促进病人利用家庭和社区资源恢复正常生活。

(二)儿童入住治疗中心

儿童入住治疗中心是精神健康服务网络的又一重要内容。它起源于20世纪初期的儿童指导运动,指导诊所发现有情感问题的儿童并提供特殊的帮助,而且早期干预可以防止出现更为严重的问题。

儿童服务主要是由私人诊所和精神健康专业机构的门诊提供,而儿童入住治疗中心是一种联合性质的资源,但是目前各种服务之间的发展不协调,没有发挥应有的效应。需要加快步伐建立一个完整的针对儿童的精神健康服务体系，贯彻预防第一的思想，使儿童的潜能得到充分发展。

（三）其他机构

除了以上详细介绍的两种机构以外，精神健康机构还包括治疗性俱乐部，这是一种新发展起来的自发性组织，最有名的是美国的“泉屋”；还包括精神健康领域急需拓展的两个场所——看守所和监狱。在这类场所有针对酒精和毒品依赖及性侵犯的精神健康服务项目，还可以防止患者发生自杀性行为，为他们提供一个稳定的康复环境。

第七节　美国老年社会工作

现在的美国是个老龄化趋势不断深化的社会，65 岁以上的人口达到 3500 万左右。这些老年人中的大多数在年轻时也许受到过良好的教育，从事过体面的工作，政党活动也较活跃。但随着年龄的增大，他们应该怎样处理自己与家庭、社区、社会之间的关系？怎样适应老年的生活？美国的社会正在寻求积极的办法去解决老年人问题。

一、美国的老龄化问题

2004 年，美国已有 6 万多人超过 100 岁，仅加利福尼亚州就有 5000 位百岁老人。2006 年的美国人口普查结果显示，美国 90 岁至 94 岁的老人已达到 100 万人。科学家预计，现代医疗条件的不断改善，将使老年人中很多人活到 100 岁。美国 2010 年人口普查数据显示，65 岁和以上年龄的人口比率，将随着婴儿潮的老化上升到 19%。

由美国人口统计局完成的《65 + in the United States：2005》报告，旨在详细了解美国 65 岁以上的老龄人口（包括 65 岁）的社会经济和健康状况，主要的特征有：

（1）到 2030 年，美国 65 岁以上的老龄人口数量将翻倍，老龄人口将占总人口的 20%，总人数达 7200 万。此外，报告指出，目前增长速度最快的人群是 85 岁以上的老龄人群。

（2）虽然许多美国老人有慢性疾病或者丧失独立生活能力，总的来说，美国老人的健康状况正在得到改善。

(3)老人的经济状况有显著的进步。贫困老龄人口比例呈现下滑趋势。

(4)从老龄人口的分布特征看,佛罗里达、加利福尼亚和西弗吉尼亚3个州的老人比例最高。

(5)受过良好教育的老龄人口比例还将上升。

(6)美国人口结构多样化同样体现在老龄人口上,2003年,65岁以上人口中,83%的是非西班牙裔白人、8%是黑人、6%是西班牙裔、3%是亚裔。到2030年,上述比例将变为72%、11%、10%、5%。

(7)家庭变化也将会越来越重要地影响到美国老人,其中,离婚率还会上升。研究人员指出,生育数量的减少,更多的继女或继子现象都会对未来老人的赡养提出挑战。

所有州、所有阶层都有老人,老人在美国所占的大比例对应着许多老人的特殊需要,另外许多人是潜在的服务"需要者",所以这些问题成为社会急需关注的重点问题。解决这一问题对整个社会来说有重要的意义。

1961年的首次"白宫老年会议"是一个全国性公民的论坛,目的是让公众关注全国老年人的问题和发展趋势。在这次会议上颁布了《美国老年人法案》,这一法案和以后的修正案,都包括向州政府拨专款(主要用于四个方面的开支:①计划和协调养老工作方案;②有助于实现方案目标的有意义的活动;③人员的培训;④对旧方案进行评估,并制订新的方案),用于社区规划与服务、培训和研究,以及在健康与社会服务部系统内建立一个工作机构,定名为"老年管理局",以此向老年人提供服务。

1971年举行了第二次"白宫老年会议",这次会议旨在拟订一个满足老年人多种需求的全面计划。会议召开之前,很多曾经为国家作过贡献的人纷纷表示想要被国家继续纳入到保障体系中。所有州、种族群体、经济阶层和社会组织的代表聚集到一起,制定了四个让老人生活更有收获的目标:(1)足够的收入养老;(2)适宜的居住安排;(3)制度性措施和新的对待老年人的态度;(4)让老人们过得独立、有尊严。

二、老年服务的机构设置

老年人是一个特殊的群体,他们在年轻的时候充满活力,为国家作出了一定的贡献,随着年龄的增大,他们不得不离开自己的岗位在家休养,这对他们来说需要一个长时间的过渡。他们的居住方式不再是之前为老人们在乡下提供一个安静的地方，现在有了广泛的选择，他们可以根据自己的需要挑选合适的住所。

（一）居家养老

“居家养老”是一个美国老年人工作方案中使用的概念。它的老年工作设定的目标是尽可能地让老人在家中养老，帮助他们独立生活，减少不必要的长期护理院的照顾。

居家养老的目的是想让老年人在家中生活得更有尊严，既节省了自己的钱，又不为家人增添经济负担，于是采取了“个案管理”的方式。个案管理工作是安排和协调用于传输急需救助的多种服务，使其在家中满足个人的需要。个案管理者或者称家庭健康助理，会到老人家中为他做些力所能及的事，帮助其解决日常生活中最基本的问题，同时提供了家访社会工作服务，每位社会工作者会与医院有专线联系，以防止意外事件的发生。

整个老年人服务团队机构有 32 个，服务量最多的机构担任个案管理员和当事人代言人，个案管理员还协调志愿者的服务，志愿者有 8 万多人。1980 年以来，许多工作方案相继出现，尽管家庭中有社会工作者、专业人员和有组织的服务团队所做的一切，各个家庭、社区仍然承受着照顾老年人的重担。家庭和社区的资源毕竟有限，有的老年人需要的是 24 小时的照顾，因此就有了下一个机构设置。

（二）护理院

老年人更需要的是别人的照顾，尤其是身体虚弱或者有生理缺陷的老年人对很多事无能为力。在意识到个案管理无法满足日益增多的老年人群体的时候，美国开始采取集中养老的形式——护理院。1966 年之前，美国只有数量很少的几家护理院，随着需求的增加和医疗保健制度与医疗补助计划的建议实施，政府和民间都出资修建护理长期病患的设施。随着护理院数量的增多，护士、医生等专业人员数量也在上升，在 300 万 65 岁及 65 岁以上的美国老人中，大约就有 5% 的人长期住在护理院中 ，此外，短期护理的老年人也会住院待一段时间。

老年人最初对护理院的态度是恐惧的，他们认为进护理院就意味着死神离自己就不远了。住院的死亡率较高，一些美国专家认为其原因是将原有的生活彻底打翻给人们带来的强烈的震撼，并且原本进入护理院的老年人身体就差,没有持续的医疗照顾生命就很难继续。护理院中聘用的都是受过专业训练的社会工作者,他们的工作有:向病人及其家属解释护理方案;解释疾病的性质;共同探讨对疾病的方法;为家人提供分担悲伤和风险的机会;协助家庭动员全部资源,维护好家庭和病人。

护理院中的社会工作者通常采用的是小组活动,这样有共同感受的人聚在一起进行交谈容易产生共鸣,可以更有效地消除焦虑感、负罪感和敌意,还能分享应对问题的经验,使成员有信心能找到积极的办法解决自己的问题。参加小组工作的老人均表示,自己卸下了心理的包袱,对待疾病的看法比较坦然,愿意接受社会工作者提供的帮助。

(三)其他的选择

家庭照顾在面对风险的时候容易措手不及,护理院照料又要离开家人的陪伴,并且需要支付昂贵的开支,许多老人进行选择的时候比较困难。因此个人及家庭希望留在社区中养老的愿望使得日间照顾中心得到了发展。

设立日间照顾中心的目的是为老人提供一个白天安身、可以得到保护和情感支持的地方。其中的社会工作者一般充当的是家庭和服务方案及其他机构和中心之间的联络员。由于是一项新型服务,所以还需要动员公众,特别是老年人及家人,让他们了解这些服务的功能。

三、美国老年社会工作的反思

美国社会各界包括科学界、政府、企业、教育界和服务机构都把注意力放到了3000多万美国老年人身上,尽可能地提出各种方法满足其需求,那他们的真正需求是什么呢?我们必须考虑的是以下几点:

1. 充足的养老金,保证生活上的基本需要;
2. 尽可能地保持身心健康;
3. 一定的居住环境;
4. 如果老年人有继续工作的意愿,要保证其工作需求;
5. 光荣、有尊严地退休;
6. 为老人提供更多选择方式进行养老;
7. 在护理院等机构中保证老人的身体健康服务;
8. 为老人追求有意义的生活提供选择;

9. 从治疗方案中受益，得到必需的照顾；

10. 自由、独立、自主地实施个人生活计划，有能力主宰自己的生活。

第八节　美国心理卫生服务

随着现代社会生存压力的逐渐增大，人们的心理承受力在下降。近几年，心理治疗与咨询的专业队伍在不断壮大，美国的心理咨询职业化发展逐渐成熟。据估计，美国约有1/5的成年人患有心理疾病，其中大多数人心理疾病相对较轻，但约有成年总人口2.8%的人患有严重的心理疾病，目前美国的心理健康工作正在积极拓展。

一、美国心理卫生服务的需求

社会科技进步给人们的生活方式和意识形态带来了巨大的变化，人们对心理卫生服务的需求也日益增长。由于贫穷、歧视、家庭破裂、失业所导致的心理问题逐渐普遍化，急需必要的心理干预。目前，心理障碍患者的年龄在逐渐减小，呈年轻化趋势，其发病率的增加速度几乎超过了以前连续几代人的发病增长率。这些数据都显示了美国对现代心理卫生服务的迫切需求。

美国公共卫生署在心理方面的综合报道称，相对于在卫生领域的总体花费而言，人们在心理卫生服务方面的费用相对较低。尽管这样，美国国民在心理和物质滥用上的费用显示的数字仍然是惊人的，约占美国卫生保健总数的7.3%。人们为心理疾病和物质滥用所付出的代价是不可计算的。研究显示，从心理健康专业人员那里获得心理方面的治疗比从其他地方获得的比例低，在儿童心理健康服务方面，更多的孩子会求助于专业心理健康服务和社会服务机构，而不是综合医院。

二、美国心理卫生服务状况

美国心理卫生服务分为4个领域：精神病学、心理学、护理学和社会工作。

心理学相对而言是拥有最多培训、心理理论和研究的专业。在美国的许多州，要求有心理学博士学位或相关教育学位，经过1年的实习医师期，同时有论文（或者学术作品）发表，在获得博士学位后进行监督实践，最后通过心理学专业操作考试才能获得心理学的营业执照。除此之外，一些州还要求通过如职业责任测试或者伦理学等其他学科的考试。目前美国心理学协会已经接受了369个博士计划、465个实习医师职业计划和38个心理学博士后训练计划。

社会工作者在卫生服务领域的工作主要是在社区服务，社区心理健康服务在整个社区服务业务中有一定的影响。1963年，肯尼迪总统在致议会建议中写道“一个全民心理健康计划的全新执行必须关注心理疾病，心理健康计划的中心是社区的全面关注”。[①] 该会议标志着社区心理学的诞生。后来，多方面的发展为社区心理健康中心奠定了基础。90年代建立了心理卫生服务责任区，每个责任区建立一所社区心理卫生中心（CMHC），社区是心理卫生服务的重要组成部分。社区工作者一般由精神科医师（包括儿童精神科医师）、临床心理学者、社会工作者、特种教师、心理卫生护士及治疗家（如心理治疗家、语言治疗家等）组成。各州均成立了儿童和青少年心理卫生服务中心，其服务有急诊、门诊、住院、会诊、儿童青少年心理卫生健康教育等，其中以日间治疗和预防为主。

近年来，美国儿童和青少年心理卫生服务模式有较大的变化，原因是多方面的，与精神疾病治疗方法的改进、服务设施的完善以及人们的认识水平提高等因素有关。这种模式的变化主要表现在：一方面，政府逐渐减少了对心理服务模式的直接干预，由集中管理变为开放管理，出现了由私人慈善机构运作的青少年心理卫生服务规划（MHSPY）和政府运作的儿童青少年卫生服务规划（CASSP）共存的局面。比较而言，政府规划比私人慈善机构运作更具有可操作性，资金和政策保障更为有力，但慈善机构运作形式灵活；另一方面，心理卫生服务从以病人为中心的模式向以病人及其环境为中心的模式逐渐过渡，这在CASSP中得到了较好体现，充分强调了家庭和社会环境对青少年精神障碍患者康复的重要性。

由于心理健康工作人员是由精神病学、心理学、社会工作和护理等专业人员共同组成的，因此在评价心理健康工作者时需要了解多学科的共同评

---

① David P. Jacqueline M. F. Introduction to the special issue of community mental health journal commemorating the 40th anniversary of the community mental health centers act of 1963. Community Mental Health Journal, 2003, 39(5): p. 377 - 379.

价，了解不同专业的人员状况和心理健康工作者的整体状况。

三、美国社区心理健康服务

美国的社区心理健康服务40多年的发展历程可以清楚地显现美国社区心理健康服务历时较长，体系也比较完整。它的服务以政府为依托，通过政府立法、政府投资等宏观措施，建立健全社区心理健康中心。政府为社区专项拨款用于心理健康领域。同时，采用医院和社区心理健康综合服务的形式，保证服务内容的专业化。

多元化的服务计划是美国社区心理健康服务的中心。它针对不同的心理服务对象制订不同的辅导方案，例如，针对老年人心理问题的特点，提供老年心理辅导（退休后心态的调整、继续工作意愿的满足）；开展孕期妇女心理健康教育、更年期心理辅导；开展青少年社区心理健康教育（性教育、考试心理辅导、学习辅导、人际沟通辅导等）；开展儿童心理辅导（儿童行为障碍服务、儿童功能障碍危机处理）等。面对近年来社会压力的增大，社区还增开了压力应对辅导，包括在出现突发事件时心理适应和调整；如何度过和及时应对个人成长过程中的危机。遇到严重的精神疾病，社区工作者会与相应的精神健康机构联系。

美国的社区心理健康服务的效果显著，反映良好。Davis 等在一项研究中，让生理卫生健康工作人员和临床医务人员在接受父母咨询训练后，为学期儿童（特指具有多种心理社会问题的儿童）的父母提供咨询服务。结果显示，服务很受重视，并产生了显著的效果，即各类问题的严重性明显下降，父母亲的自尊心显著增强，父母亲的紧张感和情绪困难明显减少，儿童表现出更积极的创造性，家庭环境明显改善，儿童行为问题明显减少。[①] Eastley 等运用问卷法调查了社区心理健康从业人员对新成立的一家社区老年心理健康服务团队开展社区心理健康服务的看法，发现对从业人员的满意度非常高，只有17%的被试者表示存在服务问题[②]。Chiappelli 等运用问卷调查法和档案分析法，考察了患者对社区心理健康服务的满意度以及与

---

① Davis H., Spurr P. Parent counseling: An evaluation of a community child mental health service. Journal of Child Psychology & Psychiatry & Allied Disciplines, 1998, 39(5): p.65－376.

② Eastley R., Nowers M. A community mental health team for the elderly: A survey of GPs views on the service. Psychiatric Bulletin, 1997, 21(2): p.88－90.

这种满意度相关的因素，结果表明，患者对于心理健康服务人员所提供的各方面服务感到非常满意，包括服务技巧、人际交往技巧、为患者提供的资源和各方面信息，等等①。

第九节　美国工会社会工作

工会社会工作，就是将社会工作的价值、理念、方法及其专业技术运用到工会工作中，坚持以职工为本的基本理念，在维护全国人民总体利益的同时，代表和维护职工的合法权益。工会社会工作通过个案工作、小组工作以及社区工作等专业方法，组织职工民主参与决策、管理和监督事务，协调劳动纠纷，促进劳动关系和谐；反映并满足员工的意见和需求，提高员工思想道德、技术业务和科学文化素质；最终实现和谐工会、和谐劳动关系以及和谐企业的构建。②

一、美国总工会的社会工作

美国总工会于 1941 年成立社区服务部，负责推展社区服务方案以及劳工联合服务处两项社会工作服务。

1. 基于社区的社会工作服务

美国总工会社区服务部在各地方分会推行社区服务方案，主要做转介服务，其内容为提供一套社会服务的转介系统给会员及其家属，使他们在有关经济、婚姻、法律、酗酒、药物成瘾等方面的问题，得以被转介到社区的社会服务机构并得到协调解决。具体内容有：

(1)将职工的问题转介到社区的社会服务机构，使其得到适当的协助；

(2)通过教育，使职工了解自身的问题及其所需要的进一步的服务；

(3)训练工会的会员参与自己的社区；

(4)充分运用社区中有关健康与福利的机构。

社区服务方案由全职的工会干部负责协调运作；主要的转介服务由志

---

① Chiappelli M., Berardi S. Pattern of intervention and patients satisfaction with Community Mental Health Service in Bologna. Epidemiologia -e- Pysichiatria Sociale, 2000, 9(4): p.272-281.

② 刘斌志：《工会社会工作：美国经验与本土发展》，《工会理论研究》，2008 年第 3 期。

愿性的工会咨商员来做，比如业务员、技术员、作业员、经理人员等。这些人在担任工会咨商员之前，要接受专业性训练，一般为期 8 周至 10 周，每周 2 小时至 3 小时。主要学习掌握一些协助职工的技巧，包括会谈技巧、转介技巧以及社区资源介绍等。这些咨商员与社区中的社会服务机构人员及其他专业人员见面，互相讨论有关健康与福利服务方面的事务。①

2. 劳动联合服务处的社会工作服务

1946 年美国总工会社区服务部设立了第一个劳工联合服务处，到 1990 年全美约设立了 25 个此种机构。劳工联合服务处设立在工人集中的社区中，为职工提供有关健康与福利方面的服务。劳工联合服务处是依法登记的非营利性社会服务机构，经费由当地的社区联合募捐协会提供。工作人员有专业的社会工作者以及经过训练的工会干部。提供的服务项目有：

（1）资料提供与转介服务；

（2）生活支持策略服务方案；

（3）消费者争议服务；

（4）工会咨商员方案；

（5）人力供应服务方案；

（6）曾犯罪者更生计划；

（7）老年服务方案；

（8）职业检查服务方案；

（9）住房介绍方案；

（10）文艺活动方案。

二、美国大型工会的社会工作

美国的大型工会推行一些直接的社会工作服务。比如，美国工会第 37 分会的州、郡、市公务人员联合会和第 65 分会的汽车工会等，他们提供的服务非常广泛，包含健康保险计划和退休会员外展服务计划等。国际妇女服装工人工会（Intemational Ladies' Garment Workers' Union，简称 ILGWU）主要针对女工的需要提供心理卫生、生理卫生、法律协助、消费者问题、联系服

① 刘斌志：《工会社会工作：美国经验与本土发展》，《工会理论研究》，2008 年第 3 期。

务、辩护、短期危机调适等服务。制衣纺织混合工会提供短期咨商、心情压力辅导、心理治疗等服务。

1. 健康保险计划

美国工会州、郡、市公务人员联合会设有健康保险计划，提供牙科、眼科、药物、伤残、医疗照顾、退休金等福利。1971 年，该联合会决定在健康保险计划中心设立个人服务组。由工会运用其福利金聘任一名专业的社会工作者及一名秘书，哥伦比亚大学工业福利中心提供技术协助及相关研究，并派研究生予以协助，由工会付给薪水。个人服务组设立后，每月为近 150 名会员及其家属提供协助服务，主要涉及住房、职业、法律、经济、生理健康、家庭关系以及消费者事务等。

2. 退休会员外展服务计划

1976 年美国第 65 分会的汽车工会与哥伦比亚大学合作开办退休会员外展服务计划，由两位专业社会工作者及数名哥伦比亚大学的社会工作研究所的实习生策划执行，由多位已退休的会员担任志愿工作者。该计划主要内容为：

(1) 家庭访问。社会工作者与志愿工作者结伴去退休的家庭拜访，发现退休者有健康、交通、孤独、悲伤等问题的时候，为他们提供个案辅导服务。

(2) 电话咨商。志愿工作者担任电话咨商员，提供问题预防以及“生命线”的解决问题功能。

(3) 文化休闲服务。工会用车接送退休者到工会办事处，举办演讲、联谊活动、艺术课程、手工艺坊等活动，前往各处参观博物馆、看电影以及旅行等。

(4) 自助网络建设。以办事处为中心，推展在社区中的自助网络建设，形成自助互助的团体。

三、美国人性协约框架下的工会社会工作服务

人性协约是美国总工会社区服务部于 1972 年极力倡导的观念。人性协约要求资方重视劳工的健康、福利、生活环境等方面的事务。人性协约既是工会与雇主合作协助解决组织内职工的个人与家庭问题的一项策略，也包

含资料提供、转介服务、咨商、追踪等一系列服务的方案，更是工会与雇主合作以训练志愿者担任工会咨商员去协助处理健康、福利及生活环境等问题的一种过程。完善的人性协约应涵盖以下内容：

（1）财务方面，如急难救助金、收入津贴等；

（2）家庭方面，如婚姻、亲子关系等；

（3）健康方面，如酗酒、心理卫生、压力等；

（4）消费者事务，如住宅、租屋、消费欺诈等；

（5）其他，如法律协助、娱乐、教育以及犯罪预防等。[①]

---

① 刘斌志：《工会社会工作：美国经验与本土发展》，《工会理论研究》，2008 年第 3 期。

第六章　美国的非营利组织

21 世纪,非营利组织成为推动社会进步的重要力量,其业务范围已经涉及科教文卫等各个行业,更涉及人的生老病死等各个人生阶段。美国非营利组织的产生可以追溯到 1620 年《五月花号公约》明确提出的:最早抵达新大陆的人"自愿结为民众自治团体"。美国非营利组织的序幕由此拉开。独立战争期间,美国出现了一批非营利的社会组织,包括一批志愿者组织,如民间的消防队、仓储团等。南北战争期间,非营利组织继续得到发展。这一时期最著名的非营利组织是 19 世纪 30 年代由反对奴隶制的人们共同创立的废奴协会,该组织在 1840 年拥有 2000 多个地方组织,会员总数达 25 万人。①

第一节　美国非营利组织概况

一、美国非营利组织的新发展

美国非营利组织的高速发展是从 20 世纪 80 年代开始的。20 世纪 80 年代前后,在一场"全球性的社团革命"②中,美国非营利组织无论是数量还是规模均迅猛地发展起来。例如,在 1975—1995 年,美国的非营利组织在数量上大幅跃升,达 120 万个,总资产高达 1.9 万亿美元,收入近 8990 亿美元。1995 年以后,美国的非营利组织仍以同样惊人的速度增长着。例如,在 21

---

① 王名:《非营利组织管理概论》,中国人民大学出版社 2010 年版,第 21 页。

② 20 世纪 60 年代以来,非政府组织开始在全球范围内大规模兴起,形成了所谓的"社团革命"。

世纪初的几年里，美国人向非营利组织的捐款每年都在2400亿美元左右，迄今为止，美国非营利组织的数量已达150多万个。具体数据可参考表6－1。

表6－1　　美国非营利组织的规模（2010年8月）①

组织类型	数量（个）
在国内税务局登记的非营利组织	1568341
501（c）（3）②组织	1116002
501（c）（3）公共慈善组织	997579
501（c）（3）私人基金会	118423
其他在国内税务局登记的非营利组织，如商会等	452339
宗教会众（2006年估计）	377640
其他未登记的非营利组织	—

数据来源：美国城市研究院慈善统计中心。

二、美国非营利组织的特征

1. 宽松的准入制度

在美国，“结社权”是受法律保护的一项公民基本权利，国家无权干涉非营利组织的建立与运行，不需要经过业务主管部门和登记管理部门的双重认定。当然，非营利组织如果需要得到政府的资金支持和税收优惠，就必须注册法人资格，但这也不难，只需要提交一份机构的章程，明确机构名称、目标和宗旨即可。

2. 有效的税收政策

凡是需要寻求税收优惠和政府资金支持的非营利组织，都需要向联邦

① 徐正、邓国胜：《美国非营利组织的规模与结构》，《学会》，2011年第3期。

② 501（c）是美国国内税收法（Internal Revenue Code, IRC）中的一项条款，本条款列出了26种享受联邦所得税（federal Income tax）减免的非营利组织。具体的减免税收条件在该法案的503－505条中有规定。许多州参考了联邦501（c）条款中对享受税收减免非营利组织的定义。501（c）（3）是指宗教、教育、慈善、科学、文学、公共安全测试（Testing for public safety）、促进业余体育竞争和防止虐待儿童或动物7个类型的组织。

国税局申请免税资格,以形成稳定的资金来源。获得免税资格的非营利机构,可以实现捐赠者、非营利组织和政府三赢的局面,即(1)个人或组织因为向非营利组织捐赠财物而获得减免税的经济利益。(2)几乎所有注册的非营利组织都能得到政府的资金资助和所受捐款的减免税,还免收国家和地方的财产税、营业税。(3)减免慈善捐赠税比政府直接补贴更加有效。

3. 严密的政府监督

宽松的准入并不意味着管理的松懈,美国政府对非营利组织的管理主要体现在联邦政府和州政府两个层面。州一级的法律主要规范组织的组建、管理、理事的权利和义务、利益冲突的解决程序和公信力等问题,州检察长有权调查和审计非营利组织的资产、资金使用,并实施处罚等。联邦政府对非营利组织的监督主要由国税局执行。

4. 规范的合同管理

一方面,政府给签约的非营利机构一定的资金支持,相当于购买服务。在美国,政府对公益类非营利组织的资金支持力度较大,大约是私人捐助的两倍。另一方面,为了规避合同风险,防止在合同操作中出现腐败行为,政府从合同的签订到服务项目的兑现,都有详细的规定,一旦违反,必将受到严格的处罚。

5. 强大的志愿精神

西方公益组织的盛行与基督神学"爱心与献身"的教义有着密切的联系。在美国,非营利公益组织大多是以教会的名义,由志愿者发起组织并由志愿者或低薪工作人员来管理的。近一半的成年人一周至少参加一次志愿活动,学校也把社区的志愿服务作为学生考核的必要条件。

6. 平等的人文关怀

美国非营利组织的公益意识是建立在"众生平等"原则上给人的一种生命关怀,保护被救助者的尊严是机构工作人员首要的工作态度。非营利救助机构的服务都相当人性化,除了食宿、医疗等,还包括提供心理辅导、法律援助、帮助申请登记等,甚至还为求助者提供美容美发,帮助喂养宠物等服务。

7.“授之以渔”的帮扶理念

美国非营利组织对求助者的帮扶,既立足于解决他们的临时性困难,更着眼于提高就业能力、居家能力和自食其力的能力,以消除他们对救助机构的依赖。如洛杉矶教会组织办的救助教习所,除了提供临时性生活保障和帮助戒毒外,还对吸毒者进行技能培训,在培训的同时,学员还承担所里的工作,培训成功后介绍就业。①

以上是美国非营利组织的典型特征。需要指出的是,美国非营利组织的迅速发展与美国的民主文化密切相关。在美国,不管年龄、社会地位、志趣,一个人只要产生了打算向社会推广的思想或意见,就可以去寻找志同道合者,然后他们就一起组织社团。而一旦社团成立,他们就不再是一支软弱的力量,他们的行动就会引人注意,他们的意见就会有更多的人愿意倾听。社团性质是多种多样的,既有工商团体,也有宗教团体、道德团体;既有严肃认真的团体,也有无聊、活泼的团体;既有一般、形式大致相同的团体,也有形式非常特殊的团体。社团的规模、目标也大小不一,既有可能为了举行庆典、创办神学院、建立教堂和旅店而成立组织,也会为了仅仅销售图书就成立一个团体。建立社团既是他们设立医院、学校等从事实际活动的途径,也是他们传播一种真理、示范并感化人的办法。② 非营利组织也正是在这种民主文化的背景之下得以迅速发展的。

三、美国非营利组织的服务领域

美国非营利组织数量庞大,单从现有美国公益慈善类的非营利组织来看,可以大致分为:艺术、文化、人道关怀类,教育类,环境和动物类,健康类,医护类,人群服务类,国际和国外事务类,公共和社会利益类,以及与宗教相关的组织等。详见表6-2。

---

① 张真:《考察美国非营利组织管理的启示》,《台州日报》,2011年1月19日。

② [法]夏尔·阿列克西·德·托克维尔:《论美国的民主》,张晓明译,北京出版社2008年版,第123-125页。

表 6-2　各领域报告的公共慈善组织数量（1998—2008 年）①

领域	1998 年		2008 年		增长率（%）	年平均增长率（%）
	数量	比例（%）	数量	比例（%）		
所有的公共慈善机构	226493	100	353489	100	56.1	4.6
艺术、文化、人道关怀	24404	10.8	38759	11	58.8	4.7
教育	37552	16.6	64326	18.2	71.3	5.5
高等教育	1782	0.8	2053	0.6	15.2	1.4
其他教育	35770	15.8	62273	17.6	74.1	5.7
环境和动物	7581	3.3	15290	4.3	101.7	7.3
健康	34966	15.4	43545	12.3	24.5	2.2
医院和基础医护设施	6788	3.0	7410	2.1	9.2	0.9
其他健康照顾	28178	12.4	36135	10.2	28.2	2.5
人群服务	78709	34.8	118363	33.5	50.4	4.2
国际和国外事务	3548	1.6	6790	1.9	91.4	6.7
公共和社会利益	27562	12.2	44023	12.5	59.7	4.8
宗教相关的组织	12171	5.1	22393	6.3	84	6.3

数据来源：美国城市研究院慈善统计中心。

由上表可以看出，在 1998—2008 年的 10 年间，美国的公益慈善组织发展迅速，增长率超过了 56%，在教育、环境、国际事务、宗教等领域尤为突出。近年来，“绿色环保”组织开始在全国的学校、工厂、公共和私立部门兴起，由表 6-2 可知，环境和动物保护类的非营利组织占全国非营利部门的比例由 1998 年的 3.3% 增加到 2008 年的 4.3%，增长率达 101.7%。

从各领域的慈善机构所占比例来看，许多公共服务组织和医疗机构重点服务于公民个人福利，而公共社会福利机构则侧重于宏观层面服务，即社区或地理区域整体的生活质量。同时，仅有 1.9% 的非营利组织服务于国际事务，它们在很大程度上兴起于各种自然或人为灾害。尽管这些不同的非营利组织发挥着各自独特的作用，但它们反映出一个共同的使命，为公民、

① Kennard Wing. Katie L., Thomas H. Pollak: The Nonprofit Sector in Brief: Public Charities, Giving and Volunteering. 2010. http://www.urban.org/publications/412209.html.

社会和邻邦的生活质量作出积极贡献。①

第二节 美国非营利组织资金的运行机制

一、美国非营利组织资金的筹集

非营利组织的资金来源大体可分为三部分:政府资金支持、财政补贴,社会捐赠,经营性收入。政府资金支持来自联邦政府和地方政府的拨款和项目经费。社会捐赠,包括个人捐赠、企业、基金会及国际组织提供的资助。经营性收入,包括经营实体收入、投资收入、产品销售收入等。具体表现在:

1. 政府资金支持、财政补贴

在20世纪60年代以前,绝大多数非营利组织的资金来源主要是服务收费、捐赠,政府资助的比重相对较小。自20世纪80年代起,政府对非营利组织的支持有了显著增长。联邦政府在社会服务方面的支出,50%以上投向非营利组织。美国政府的补贴方式主要以直接的资金支持或通过税收优惠间接给予援助。根据美国联邦税法,联邦政府对非营利机构的税收优惠主要体现在两个方面:一是对机构自身的优惠,二是给予向非营利机构捐赠的企业和个人的税收优惠。

(1)对非营利组织本身的免税优惠

美国享受免税待遇的非营利组织分为两大类:一类是为公众服务或使公众受益的非营利组织,或称公益慈善组织;另一类是为会员服务或相互受益的非营利组织,依联邦税法可享受的税收优惠,包括所得税、财产税、失业税等不同税种。凡经美国国内税务局查实并赋予免税资格的非营利机构,均可得到上述三种税收的全额免除。除了联邦税法外,美国各州对非营利机构还自设了一些优惠税种。例如加利福尼亚州税法规定,对于获得免税资格的非营利机构,还可免除消费税。此外,为鼓励人们购买帮助非营利机构筹集建设资金的特种债券,州政府规定,凡购买此种债券的利息所得也可以免税。非营利组织享受免税待遇是在其经营免税目的范围内的,若其经

① Wing, K. T. Roeger, K. L., & Pollak, T. H., 2010, The Nonprofit Sector in Brief: Public Charities, Giving and Volunteering, Urban Institute.

营与其免税目的不相关的业务，即其经营并获得与公益慈善目的无关或与为会员服务无关的业务所得，均要纳税，且按一般公司所得税率纳税。即使对非政府机关的所有公立机构，如公立大学等也是如此。[①]

(2)对向非营利组织捐赠的纳税人的税收优惠

纳税人只有向符合美国联邦税法501(c)(3)条款规定取得免税资格的非营利组织捐赠，才能享有税收优惠待遇。同时，纳税人捐赠数额的确定也取决于捐赠物的类型，不同的捐赠财产类型决定了其相应的捐赠数额和最大扣除额。

美国联邦税法501(c)(3)条款下的慈善组织分为公共慈善组织和私人基金会两大类，不同类型的慈善组织，其捐赠者的税收优惠也不尽相同。公益慈善团体包括慈善机构、教会、非营利私立学校、医院及学术机构等公益慈善团体，其接受纳税人的捐赠时，个人捐赠依法享有经调整后的毛所得50%的税金扣除额的优惠，公司法人捐赠享有经调整后毛所得10%的税金扣除额的优惠。私人基金会的资金不像公益慈善团体那样来自社会各界，其主要来自少数人，其公益活动范围也较窄，向其捐赠的纳税人(个人)只能享有经调整后毛所得20%的税金扣除额的优惠。此类慈善团体在美国也被称为20%慈善团体[②]。

2. 社会捐赠

美国是一个崇尚慈善事业的国度，每年，美国公民投入到慈善事业中的捐款总额和做义工的平均时间都位居世界榜首，社会上的各种非营利组织在国民的生活中起着重要作用。据"乐捐美国"(Giving USA)的统计，2010年美国人的慈善捐款高达2909亿美元，比前一年增加了3.8%，其中企业捐款占5%，为153亿美元；个人捐款占73%，达2118亿美元。以3亿美国人计算的话，平均每人捐款706美元。2012年，美国慈善捐款达到了3162.3美元，其中个人捐款为2289.3亿美元，遗赠捐款为234.1亿美元，企业捐款为181.5亿美元，基金会捐款为457.4亿美元。[③]美国社会从志愿服务和捐款中受益匪浅[④]。大量的社会组织可以承担很多原本由政府来承担的责任。

---

① 龙献忠、吕珈：《美国非营利组织税收制度及其启示》，《产业与科技论坛》，2008年第6期。

② 孙仁江：《当代美国税收理论与实践》，中国财政经济出版社1987年版。

③ Giving USA，http://www.givingusareports.org/

④ 沈高超：《慈善融入美国人日常生活》，《中国社会报》，2005年7月26日。

因此通过研究可以发现，很多社会组织都会热衷于支持公益性事业的发展。在美国，机构可以通过个人、基金会、企业等获得大量的慈善捐赠[①]。通过对 Covenant House[②]2011 年财务状况表的分析不难发现，来自个人、基金会和企业包括遗产捐赠等获得的资金在 93781488 美元，占总捐赠额的 72%，社会捐赠成为机构资金的主要来源[③]。

3. 经营性收入

在收益收费等自主经营上，营利性一直备受争议，不同的人对此有不同的观点。Blazek 就曾指出，非营利组织在保证其自身宗旨目标的前提下是可以经营的，并且宗旨的实现和财务目标是可以相互促进的[④]。因此，可以发现在美国社会工作机构会有一定范围内的自主经营，如各个社会工作机构会通过出版相关的书籍刊物、督导、培训等来增加机构的资金收入，同时有的机构还会通过基金会的形式来确保社会工作资金的保值增值。这不但增加了社会工作资金的来源渠道，同时在一定程度上缓解了本来就紧张的资金局面[⑤]。就 Covenant House 来说，通过特别活动以及机构的商品和服务收费获得的资金约占总捐助额的 7%。经营性收入成为非营利组织资金的有效补充[⑥]。

二、美国非营利组织资金的运行

不同的责任主体形成了不同的资金运作模式，根据对美国非营利组织资金责任主体的研究发现，美国非营利组织资金运作模式可以分为以下三个方面：

---

① 王洛忠：《中国非营利组织的筹资困境及改善对策：以美国非营利组织的筹资经验为借鉴》，《新视野》，2012 年第 1 期。

② Covenant House，为无家可归的青少年提供服务的一家非营利慈善组织。中文名“圣约社”，提供的服务包括：医疗保健、教育支持、就业准备和技能培训计划、药物滥用治疗和预防方案、法律服务、心理健康服务等。

③ Covenant House，http://www.covenanthouse.org/sites/default/files/attachments/2011_AR.pdf.

④ Jody Blazek. Financial Planning for Nonprofit Organizations，New York：John Wiley & Sons，Inc.，1996.

⑤ 王洛忠：《中国非营利组织的筹资困境及改善对策：以美国非营利组织的筹资经验为借鉴》，《新视野》，2012 年第 1 期。

⑥ Covenant House，http://www.covenanthouse.org/sites/default/files/attachments/2011_AR.

1. 政府负责的运作模式

由于美国政府主要通过财政补贴和购买服务的方式来支持非营利组织的资金建设，政府的补贴方式主要以直接的资金支持或通过税收间接给予援助，资金的运作相对简单，而政府购买服务的运作方式则较为复杂。根据政府与机构购买之间合作程度的不同，政府与组织之间又会形成不同的合作模式，一般而言主要有以下三种：第一种是合同外包。第二种是政府与组织之间形成的一种供应链的形式，即政府提供一半然后再由机构提供另一半。第三种是由非营利组织直接提供一些特殊的服务项目[①]。总之，政府与组织之间会根据其合作程度的不同而采取不同的合作模式。但无论双方之间合作模式有何区别，其资金的运作具有极大相似性。具体表现在：政府规划社会服务的发展方向和需求计划，并根据预算确定购买的金额，公布资助的原则和标准，由组织向有关部门提交申请和相关的项目材料，以此来证明自己有能力提供政府所需的服务，然后政府以公开招标的形式确定服务的提供组织，通过签订正式的契约合同为组织的服务活动提供相应的资金。同时，为保证资金的有效使用，政府往往会同相关机构对资金的使用和服务的提供状况进行相关的监督和评估。[②]

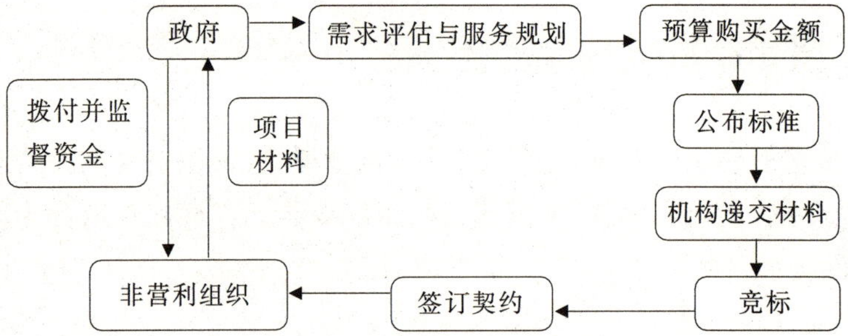

图 6－1　政府负责的运作模式

2. 社会投资机构负责的运作模式

在美国，非营利组织为确保机构资本的保值增值和有效地补充机构的

---

① 马广志：《政府购买公共服务的美国经验》，《中国社会工作》，2012 年第 18 期，第 31－33 页。

② 廖鸿、朱晓红、石国亮：《国外非营利组织管理创新与启示》，中国言实出版社 2011 年版，第 205 页。

资金空缺，往往会从非营利组织资金中拿出相当比例的资金，交由专门的基金会或信托机构进行投资管理，以确保资金的保值增值。具体的运作为：基金会通过设立投资委员会，协助理事会进行投资管理，并聘请过去或现在任职于投资银行、基金公司、投资管理机构等具有丰富经验的人担任委员会成员，由委员会制定投资政策和投资方针，监督和审查基金会投资和再投资，评估投资绩效①，以保持资金的保值增值。由于美国政府对公益性投资管理比较严格，因此机构选择的投资方式比较稳健，如银行存款、债券投资、信托理财等项目。另外没有投资委员会的机构一般由理事会或者财务委员会承担相应的职能。总的来说，非营利组织资金投资的目的不是营利，而是注重风险规避，采用的是在确保操作稳健、风险合理的基础上的投资运作方式。

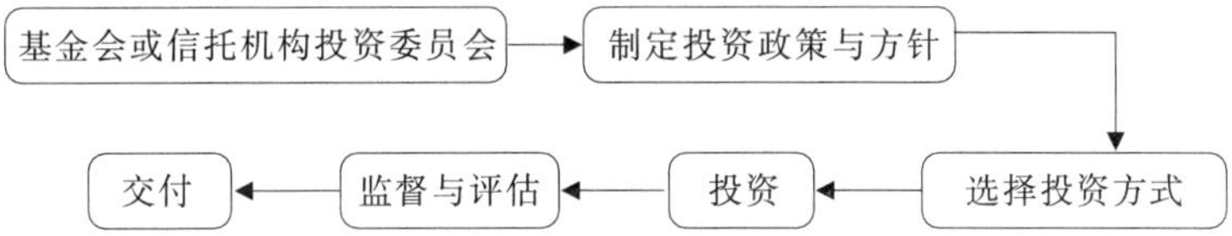

图 6－2　社会投资机构负责的运作模式

3. 组织内部的运作模式

美国非营利组织内部建有完善的资金运作体系②，一般由董事会根据机构的发展规划制定年度预算，董事会下设监事会和各个委员会，监事会负责对机构的运转状况进行监督和审查。各个委员会负责具体的资金运转，具体表现在：

（1）执行委员会负责具体的执行，首席执行官根据机构的发展规划制定相关的项目活动，并就资金的运用、审批向董事会提交相关预算。

（2）财务委员会负责日常财务管理与配发，并由选举和聘请的首席财务官负责挑选和聘请有经验的人员管理日常财务运作，确保财务活动的有效运转。

（3）投资委员会负责部分相关资金的投资运营，以确保资金的保值增值。

---

① 廖鸿、朱晓红、石国亮：《国外非营利组织管理创新与启示》，中国言实出版社 2011 年版，第 205 页。

② 王劲颖、沈东亮、屈涛、刘忠祥：《美国非营利组织运作和管理的启示与思考：民政部赴美国代表团学习考察报告》，《社团管理研究》，2011 年第 3 期。

(4)审计委员会负责对资金的使用状况进行审计并报送监事会审查。尽管各个组织内部管理机构的设置各种各样,职能的划分也因具体情况而异,但就美国非营利组织机构内部资金的运转而言,形成了相对稳定的内部组织结构和责任分工体系,有效地保证了组织内部资金的正常运转①。

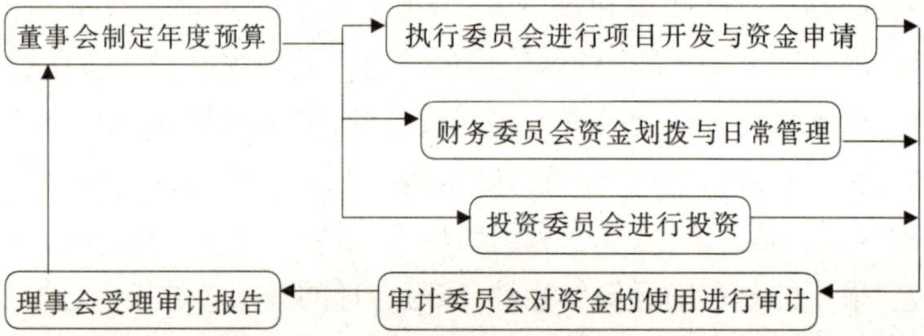

图 6-3　组织内部运作模式图

三、美国非营利组织资金的分配

1. 资金的分配原则

正所谓无规矩不成方圆,没有合理的分配原则就无法保证资金的合理使用,更无法发挥非营利组织资金应有的效应,根据对非营利组织资金的使用情况可以概括为以下几项原则:

(1)利益再分配原则

尽管非营利组织的服务对象从过去的最贫困者到今天的有需要的人,但现实的情况是社会弱势群体仍然是社会工作首要的关注对象,特别是在社会急剧变迁、生活节奏日益加快的今天,贫富差距的不断扩大,大量人口生活在贫困线以下,需要通过利益再分配的形式缓解贫富差距以使社会成员共享社会发展的成果。而非营利组织资金的投入使用刚好充当了利益再分配的角色,能起到对社会弱势群体提供关照和补偿的作用。

(2)收支平衡原则

非营利组织工作的开展离不开资金的支持,充沛的资金是保证非营利组织工作开展和服务传递的有力保障,然而非营利组织资金的使用并不是

① 王洛忠:《中国非营利组织的筹资困境及改善对策:以美国非营利组织的筹资经验为借鉴》,《新视野》,2012 年第 1 期。

一种随意的行为，而是建立在收支平衡的基础之上，这主要是因为非营利组织的公益性，不以营利为目的，这就要求非营利组织筹集的资金要尽可能地得到合理有效的运用，既不能有过多的结余，更不能有大量的负债。

(3)社会效益优先原则

企业以经济效益的最大化为目标，但非营利组织不同，追求的并不是经济效益的最大化而是社会效益的最大化。非营利组织资金的使用以获得最大的社会效益为目标，尽管美国政府一改过去的风范开始关注政府拨款和捐款的绩效问题，并委托大学和研究机构进行研究，评估服务的投入和产出，但是就实质而言，社会效益仍然是美国政府所追求的目标。

(4)专款专用原则

一方面美国非营利组织资金的来源大部分来自社会的捐赠，加上美国独特的人文环境使人们对捐赠物的使用也比较在意，人们有权要求自己的捐助用于特定的服务中；另一方面机构从政府申请到的资金一般都建立在相关的项目基础之上，以相关的项目申请的形式获得，资金的使用具有专款专用的性质。

2. 美国非营利组织资金的分配领域

非营利组织资金的分配使用是非营利组织资金管理的最终环节，是非营利组织工作服务能否最终实现的保障，资金的合理分配不仅关系到组织的正常运转，更关系到服务的传递与落实，甚至关系到社会公平的实现。因此，在美国，政府还有各个非营利组织都非常重视资金的分配问题，并根据自身的特点形成了别具特色的分配结构和分配领域。

(1)非营利组织资金的总体分配

在美国非营利组织机构中，资金的分配使用比较合理，主要集中在项目服务、机构日常管理、投资经营三个主要方面，相比而言各项资金的分配比例比较合理，在非营利组织资金中大约有近 70% 的资金用于各类服务项目中，如 Covenant House 在避难和风险照顾项目、医疗项目、儿童家庭项目、社区教育项目、外联等项目的资金投入就达 100528183 美元，占非营利组织总支出比重的 70% 。而且资金一般具有强制性即专款专用的性质。其次，有接近 28% 的资金用于维持机构的日常运作与筹集费用等，非营利组织机构的运转和筹资活动都需要资金的支持，过多的资金支持会影响服务项目的资金供应，而过少的资金又会影响机构的运转。因此，机构每年都会对运转状况进行评估,包括机构的设置、人力资源的使用、相关筹资活动等,以确保资金的合理使用,最大限度降低运营成本。同时各个机构都会预留约2%—5%的固定资金来充当净资产资金和投资运行经费,以确保资产的保值增值,规避由于通货膨胀等因素导致的资产贬值,确保资金的安全①。

(2)非营利组织资金的项目分配

就其资金的投放领域而言,美国非营利组织经过长期的发展,已经形成了相对稳定的几大服务领域,如精神健康和药物戒除服务工作,儿童、家庭和学校服务工作,医疗及公共卫生服务工作。近年来,随着社会的发展和人口结构的变化,老年人口的增加使得服务工作的重心逐渐转移到老年群体身上,老年服务工作单独成为美国非营利组织资金支持的一个重点领域,成为多数非营利组织机构重点侧重的领域。这些工作领域为非营利组织资金转化为具体的社会服务提供了舞台。

另外从具体的实践操作上讲,上述的每一个领域根据具体的运作项目的不同又有更精细的专业分工。如儿童福利和家庭服务工作领域中就包括:家庭治疗项目、婚姻咨询和治疗项目、儿童日间照顾项目、儿童领养、儿童寄养、少女怀孕服务、未成年父母服务等项目②。如2011年Covenant House在收容救助项目上的花费就达46560054美元,在外展项目上的投资达3812273美元,在学校和社区服务中心的资金投入达15363454美元③。当然,由于各个机构的服务领域不同,其资金的分配也会各有侧重。

四、美国非营利组织资金的监管

美国非营利组织资金具有非常完善的监管体系,具体表现在机构外部监管和机构内部监管两个方面。

1. 非营利组织资金的外部监管

(1)政府的监管

在美国,政府监管措施比较完善,综合运用多种手段进行监管,包括报

---

① Covenant House,2011 annual report. http://www.covenanthouse.org/sites/default/files/attachments/2011_AR.pdf.

② 袁光亮:《美国家庭社会工作及其对我国的启示》,《理论月刊》,2012。

③ 同①

告递送制度、信息披露制度、现场检查制度等，并形成了非现场监管与现场监管，监管信息系统与信息披露相结合的体系，在注重税务监管的同时加强法律监管[①]。

①非现场监管与现场监管：一方面根据美国联邦税务局的有关规定，要求所有非营利性的组织，每年都必须向国内税务局上报年度财务报表即990表[②]。其次要求机构进行自查，然后由联邦税务局通过计算机按1%—3%的比例对组织机构的年度财务报告进行抽查，加强对机构的财务监督。另一方面美国绝大多数州都规定各种非营利组织必须向州检察长提交年度报告，接受其监督与管理。州检察长的角色不同于国税局，他的职责是调查和审计，发现其领导人或信托人的错误管理、转移资金甚至欺诈行为等。检察长可以控告相关责任人找回资金交还慈善机构。另外每个州都有相关的机构，如加州就有慈善信托登记处和慈善信托法律与审计部对其进行相关的监管，前者一般进行财务报告的收取与接待要求查看财务报告的公众，后者负责调查审计，而调查的结果一般转交给法院以防备有人转移资产，州检察长主要负责指导这两个部门。另外美国卫生与人类服务部指定注册公共会计事务所和财务标准董事会对机构的现金收支、财产、债务、抵押等进行审计，来对社会组织的财务进行监管。

②监管信息系统与信息披露相结合：政府建立严密的信息监管系统，涉及公众利益的相关信息通过规范化的途径纳入政府的监管范围，如美国的990表，此表要求机构提供的信息必须十分详尽，对各种资金的筹集使用都必须有明确的说明，以便于监管。此外美国联邦法律还规定，任何人都有权向税务机构要求查看他们的原始申请文件及前三年的报表，人们也可以写信给国税局了解某免税组织的年财务状况和内部结构[③]。

近几年美国政府开始关注政府拨款和捐款的绩效问题，并委托大学和研究机构进行研究，评估服务组织的投入和产出。评估不仅要看直接产出，

---

① 廖鸿、朱晓红、石国亮：《国外非营利组织管理创新与启示》，中国言实出版社2011年版，第149页。

② 990表：已获登记的免税非营利组织可以在全美国任何地区运作，不是只限于在其法人注册的州（省）。为方便公众问责，要求每家免税组织（不包括宗教组织如教会或清真寺）必须每年向国税局呈交关于其财务和活动状况的申报表（990表）。

③ 王姝雯：《美国政府对非营利组织的管理模式及其启示》，《辽宁行政学院学报》，2012年第5期。

更要看间接影响。[1] 既要评估服务问题的解决情况，更要评估服务对象的能力是否得到提高，从而确保政府投入非营利组织的资金能得到合理运用。

（2）社会的监管

美国非营利组织资金大多数来自社会捐助，因为这样的捐助出于爱心，因此公众有权了解自己的爱心是否得到传递，有权了解资金的使用情况，有权要求社会服务机构公开信息、公布财务报告，并接受捐赠者的监督。另外，美国还建有相关的法律，要求机构将年度财务报告等信息进行公告以供公众查阅，并对捐赠行为有相关的规定。如对于个人等的捐赠，凡捐赠额在250美元及以上者，受赠机构需开具收据，提供给捐赠者作为抵扣应缴税费所得额的依据。同时如果捐赠者接受礼品，礼品的价值要从捐赠额中扣除，不得享有抵扣应缴税费所得额的优惠，这有力地防止了欺诈行为。同时捐赠者手中掌握着给予或废止支持的权利，也能够对其起到一定的监督。尽管外部监管是一种非正式的监管机制，但它起到了一种自律激励的作用，并因为其操作成本低、社会效益好而成为正式监管机制的有效补充。

（3）非营利组织行业协会的监管

行业协会一般是行业自愿联合的产物，国外发达国家一般都建有比较完善的行业监管协会，各行业协会根据行业标准对行业内相关机构组织进行定期的评估以监管行业组织的发展。在美国，行业协会有着悠久的历史，社会管理的方方面面都离不开行业协会的管理与监督，各种行业协会以自治的形式规范和管理着本行业的发展。如通过组织会议、联合交流提高组织的公开透明度，起到了相当的监管作用。其中以美国全国慈善信息局最具特色，它是美国民办的最大的公益组织评估机构，定期对组织进行行业评级，公布达到评估标准的排行榜以及达不到标准的排行榜。如筹资回扣率排行、财务危机排行、赠款囤积排行等[2]，无形中起到了行业监管的作用。

2. 非营利组织资金的内部监管

美国非营利组织机构内部建有完善的财务管理与责任体系。首先是董事会：董事会主要通过制定相关的财务管理政策和规划机构发展方向来加

① 丁元竹：《政府、社会组织和企业共同治理美国社会》，《中国社会报》，2007年5月30日，006版。

② 廖鸿、朱晓红、石国亮：《国外非营利组织管理创新与启示》，中国言实出版社2011年版，第172页。

强监管,同时选举首席执行官具体负责相关项目运作,并制定年度预算,以及资金流动方案、监控与修改预算评估和监督财务报告等。另外董事会一般下设监事会和若干委员会,监事会由董事会选举产生,对董事会负责,主要负责监督工作,并接收各委员会的相关报告。各委员会的职责具体表现在:

(1)财务委员会:财务委员会负责向监事会提交财务报告和内外部审计报告的详细评估资料,并汇报相关结果。

(2)投资委员会:投资委员会负责评估和管理组织的投资项目,确保机构资金的保值增值,并及时向监事会汇报。

(3)审计委员会:审计委员会的责任是监督机构的审计职能,并进行财务活动的日常审计,对资金的运用情况进行相关分析,就审计结果报请监事会查看。

(4)首席执行官/总裁:首席执行官或总裁负责检查和了解机构的财务运转情况,作为对组织日常运作工作的一部分,首席执行官委派具体的人员负责内部财务管理工作,检查财务报告,还要监控组织所有财务工作的细节。

(5)首席财务官、财务主管、司库:首席财务官是负责挑选聘请组织日常财务运作工作的人员,一般都是经过培训并有相当经验的人担任,财务主管或司库可以作出许多具体的财务决策,并有权对组织日常的财务状况进行监督和管理。

第三节　美国非营利组织的管理制度

一、美国非营利组织的登记制度

1. 注册的法律形式

在美国,非营利组织(以下简称 NPO①)在成立前需要考虑是否注册为法人。NPO 可以采取法人形式(如公司),也可以不采取法人形式(如非法人社团、信托)。实际上,美国的 NPO 可以有很多种法律形式存在,一般都不是 NPO 的专有法律形式。由于只有公司(包括有限责任公司)、非法人社团、信

① 非营利组织的英文全称为 Non - profit Organizations,简称 NPO。

托形式的 NPO 才有资格向美国国内收入署(IRS)申请免税,因此美国 NPO 主要采取公司、非法人社团、信托形式,多数采取公司形式。NPO 的成立须向所在州政府提出申请,而不是联邦政府。

(1)公司

公司是美国 NPO 的最常见法律形式。美国各州都制定了公司法,各州对非营利公司的称谓有所不同。例如,纽约州称之为“非营利公司”(Not - for - profit Corporation),特拉华州称之为“非股份公司”(Non - stock Corporation)。在有些州(如纽约州)有单独的法律对非营利公司进行规范,在其他州(如特拉华州)对非股份公司使用与规范普通公司相同的法律,如《特拉华普通公司法》。在采取公司形式时,NPO 的成员和董事不必承担个人责任。相对于其他法律形式,公司的建立和运作往往要耗费大量的时间和精力。对于需要广泛的公众筹款并且可以长期运作下去的 NPO,通常选择公司的形式。

此外,NPO 也可以采取有限责任公司的形式,但并不常见。条件是它的全部成员必须由其他 501(c)(3)组织构成,由个人或非免税实体组成的有限责任公司不能申请 501(c)(3)资格。

(2)非法人社团

很多非营利组织是一群人为了做公益活动而聚集起来,这种非正式团体被称为“非法人社团”(Unincorporated Association)。由于不是法人,非法人社团不能接受大多数基金会和公司的捐赠,不能以组织名义签订合同。非法人社团的好处是法律对其在组建、提交报告和登记注册等方面的要求不高。美国有些类型的 NPO 更倾向于成为非法人社团,例如不具有登记为法人所需要的财力或人力资源的小型组织(如音乐或宗教俱乐部),与第三方的商业交易比较有限或者收入很少的组织,以及不需要申请免税资格的组织。

非法人社团与公司有以下几点不同:第一,非法人社团的成员对机构的运行和行为承担个人责任,而公司可以向成员提供有限责任的保护。第二,非法人社团不需要像公司一样起草“公司章程”,但需要起草“组织章程”(Articles of Association)或“章程”(Constitution)。第三,非法人社团可以不制定内部章程(Bylaw)。第四,非法人社团不需要向州务卿办公室提交年度报告(除了因为筹款监管目的提交的报告)。但如果非法人社团要得到免税资格,将失去因为这种非正式身份获得的收益。即使非法人社团不是法人,也应该遵守一些法律要求。例如，非法人社团无论是否免税，都应提交纳税申报表。此外，各州对注册还有一些要求。很多州的非法人社团登记与非营利公司没有区别，例如慈善募捐登记、跨州开展业务的资格和当地开展业务登记。通常，只要非法人社团的活动目标属于免税目标，年收入低于5000美元，也可以成为一个免税组织，捐赠者可以享有税收扣除资格。比较而言，由于公司具有更高的可信度，美国国内收入署（IRS）和多数企业、捐赠者对非营利公司的认可度更高，对非法人社团往往持排斥态度。

（3）信托

一般来说，信托是这样一种关系，一个人有义务保持或使用使其他人受益的资产。通常在签署信托协议或信托声明后，一个非营利信托才能成立。[①] 设立一个信托式基金，需要准备信托契约、信托声明以及信托遗嘱、EIN码、申请书等，然后向总检察长提交申请和手续费，并经其批准。[②]

2. 注册程序

在美国，非营利机构的注册比较简单，需要提交一份机构章程，写明机构名称、目标，说明不为任何私人谋利益的宗旨，然后交由州内政司批准。它是希望获得税收优惠的非营利机构注册的必备程序。美国的非营利机构可以选择不同的组织形式，包括非营利公司、信托和非法人社团。非营利公司又有三种主要形式：公益性公司、互助性机构和宗教机构。其中，必须向州检察官登记处进行非营利性公司登记注册的只有公益性公司。互助性机构（包括家庭雇主协会、私人俱乐部、贸易和专业性协会等）通常是为了他们自己成员的利益所建立的，所以不属于慈善组织。宗教机构通常免除收入税而且不用登记也无须报告。信托是由遗嘱或一份书面文件所建立的一种法律形式。为了慈善目的的信托要想得到税收优惠则必须接受州检察长的强制性管理，受托人必须去登记注册而且要向检察长报告。非法人社团由于他们并没有建立非营利公司或者信托，在本州的法律下，可以被作为未注册非营利公司的协会而存在。不过，这类机构一旦被提起诉讼，它的领导将可能被限制个人自由[③]。

---

① 美国非营利组织的登记及其免税资格，百度文库：http://wenku.baidu.com/view/0ba32a19c5da50e2524d7ff9.html.

② 王名、李勇、黄浩明：《美国非营利组织》，社会科学文献出版社2012年版，第75页。

③ 郭婧：《中美非营利组织发展的政策对比及启示》，《经营管理者》，2009年3月，第5期。

在美国,NPO的成立最常见的是建立一个非营利公司(法人)。成立非营利公司类似于成立一个普通的公司,程序比较简单,这是在州的层面完成的。各州通常都会提供登记的模板文件,NPO只需要填写空白即可完成。注册由州务卿办公室批准,然后由州司法部进行注册登记,颁发法人证书。NPO的登记只是表明该州承认它是一个法人单位,并没有给予其任何的非营利资格。在州政府看来,非营利公司只是一种公司。如果NPO只是一个不具有免税资格的公司,它在筹款、发展以及获得公众认可等方面是很困难的。只有NPO向美国国内收入署(IRS)申请免税资格时,它才会是不同的。一个非营利公司的成立通常包括三个主要步骤:

(1)成立董事会

在申请登记前,NPO会成立一个创始董事会,由其负责决定组织发展方向和重大决策。招募董事会创始成员,召开董事会议,确定最初的机构目标,选择一个符合州法律规定的机构名称。要成为法人,NPO的董事会成员数量应满足该州的最低要求,一般至少要有3个董事。

(2)起草公司章程和内部章程

公司章程(Articles of Incorporation)通常包括机构名称和地址、创办者或董事的姓名和地址、目标陈述和描述、机构的分类(公益性或互益性)等。章程必须载明所有收入全部用于宗旨相关的事业;机构终止时将全部剩余财产转交同类组织;董事长和秘书长的产生方式,会议的举办时间、地点和方式。内部章程(Bylaw)是对董事会如何运作和员工如何配置的具体说明,包括组织将开展哪些项目,资金如何使用等。内部章程也可以在登记后起草,公司章程和内部章程都应得到董事会批准。

(3)进行公司注册

准备工作结束后,NPO向州务卿办公室提交最终的经董事会批准的公司章程,进行公司注册。有些州还需要提交内部章程,这取决于各州的不同规定。在提交必需的材料之后,NPO将收到一份自己的公司章程,NPO就正式成为法人。此后,NPO就可以向美国国内收入署(IRS)提交501(c)(3)申请。在美国,NPO通常会聘请律师起草公司章程和内部章程并进行公司注册。为了组织发展需要,NPO可以委任董事会成员并召开董事会,获得机构运行必需的执照和许可证。任何一个非营利组织,只要满足非营利性和组织治理的基本要求,一般都可以注册。需要指出的是,董事会、公司章程和内部章程只是申请成为法人才需要的，如果不想成为法人，这些并不需要①。

二、美国非营利组织的税收制度

1. 严格的免税资格认定制

在美国，非政府组织如果要想享受免税优惠政策，那就必须办理一个严格的免税资格认定手续。首先，想要获得免税资格的非政府组织必须向州政府登记注册，选择可以享受免税资格的组织类型（美国非政府组织有许多组织类型，但并非所有非政府组织类型都能享受资格，只有符合501(c)(3)条款的且在州政府登记注册为合法的非政府组织类型才具备享受免税资格的可能）。然后，该非政府组织再向联邦政府层面的国内收入署提出申请并接受其检验。国内收入署通过对申请机构进行组织测试和运行测试以检验申请机构性质是否是非营利性、宗旨是否是为了公益，再决定是否给予其免税地位以及怎样的免税待遇。对获得免税的非政府组织，国内收入署通过每年专门的年度申报表来进行日常管理和监督，无法通过年度审查的非政府组织将失去免税资格。

2. 免税区别对待制

美国非营利组织分为两大部分：一部分是为公众服务或使公众受益的部门，不仅其本身免税，向其提供捐赠的捐赠者也享有法定的扣除税金的待遇；另一部分是为会员服务或相互受益的部门，只有其本身可免税，向这类组织提供捐赠的捐赠者不享有扣除税金的待遇。美国501(c)(3)条款具体规定了25种类型的机构可以免征联邦所得税，但向这25种免税机构的捐赠并非全都可以得到税前扣除，除非是向符合501(c)(3)要求的公益慈善机构的捐赠。一般情况下，美国税法对享受免税待遇的非政府组织做出界定：最易获得免税资格的组织是以慈善、宗教、科教、文化或公众安全为目的的非营利组织；比较容易获得免税资格的是为雇工利益而建立的组织；其他获得免税资格的非营利组织还包括一般会员组织、友爱团结组织以及以互助和合作为宗旨的组织。还有，联邦税法中关于捐赠扣除的规定对公共慈善

① 美国非营利组织的登记及其免税资格，百度文库：http://wenku.baidu.com/view/0ba32a19c5da50e2524d7ff9.html.

机构有很强的倾向性,向公共慈善机构捐赠的可扣除比例在相同情况下高于向私人基金会捐赠的扣除比例。①

3. 税前扣除优惠制

美国非营利组织的捐赠纳税人,还享有一系列的税前扣除优惠,这主要包括个人所得税扣除优惠、公司所得税扣除优惠、遗产赠予税扣除优惠。

(1)个人向公益性组织的捐赠可享税收扣除。虽然税收扣除有最高限额,但除了个人向私人基金会捐赠超出部分不得结转外,其他公益性捐赠超出部分可在往后5年内结转。

(2)公司所得税扣除优惠。公司向公益性组织捐赠后,其捐赠所得税扣除没有一个固定的最高限额,最高扣除限额可以视情况而变。如果公司捐赠存货用于照顾病人、穷人、儿童或用于大学、研究机构、实验以及生物或物理学的研究教育项目时,存货的捐赠额不被限定为该存货调整后的基值。

(3)遗产赠予税扣除优惠。遗产赠予税纳税人向从事宗教、慈善、科学、文学或教育目的的组织,以及用于以上述为目的的信托组织、退伍军人组织等的捐赠,可以进行扣除,并且没有扣除的上限。②

联邦法典第26卷"国内税收法典"中,著名的第501条款规定了相关类型的非营利机构可以免联邦所得税,如表6-3。

表6-3　免税的非营利组织

代号	名称
501(c)(1)	国会法案批准成立的公司,包括联邦信用联盟在内
501(c)(2)	免税的持股公司
501(c)(3)	宗教、教育、慈善、科技与文学组织以及那些为公共安全进行试验,促进国内与国际体育事业和防止虐待儿童与动物的组织,这当中还包括私人基金会
501(c)(4)	公民团体、社会福利组织和各地雇员协会。这些组织旨在促进社会福利事业、教育和娱乐事业
501(c)(5)	劳工、农业和园艺组织。这是一些旨在促进改善工作条件,提高产量和效率的教育与公益组织

① 陈南华:《中美非营利组织税收制度比较》,《涉外税务》,2005年第3期,第52页。

② 王学栋、赵斐:《中美非营利组织税收政策比较探析》,《生产力研究》,2007年第2期,第98-99页。

续表

代号	名称
501(c)(6)	工商团体、商会、不动产商会以及其他旨在改善一个或数个行业工作条件的组织
501(c)(7)	提供娱乐和创造社会环境的社交与娱乐俱乐部
501(c)(8)	向会员提供抚恤金、伤病和事故补偿金的互助组织
501(c)(9)	志愿雇员互益组织(包括从前被列入501(c)(10)条的联邦雇员受益组织),该组织负责向会员提供抚恤金与伤病、事故补偿金
501(c)(10)	国内互助团体与协会。这些组织将其收入捐赠给其他慈善互助组织,而不向自己的会员提供501(c)(8)中各项补偿金
501(c)(11)	教师退休金协会
501(c)(12)	包括慈善人寿保险协会、互助排灌组织、合作电话公司等按行业划分的互助组织
501(c)(13)	殡葬公司,即为成员办理埋葬和其他丧葬事务的公司
501(c)(14)	负责向成员提供贷款的国家特许信用联盟、互助储备基金
501(c)(15)	按成本向成员提供保险的互助保险公司或协会(只限于毛收入在5万美元以下的机构)
501(c)(16)	在推销和采购等方面支持农业生产活动的互助组织
501(c)(17)	为支付补偿失业报酬救济金的补偿失业救济信托基金
501(c)(18)	通过退休金计划向会员提供福利金的雇员退休信托基金
501(c)(19)	退休军人协会或其他组织
501(c)(20)	预付佣金的团体法律服务信托基金

联邦所得税法中所指“免税”或“免税地位”并不是免一切所得税。“免税”组织一般情况下可以免所得税,但是对不相关的商业收入、私人基金组织的净投资收入、社会俱乐部非成员收入等是要征收所得税的。[①] 另外,州法律对非营利组织的税收减免也有规定,不同州的非营利组织要遵循州法律的规定,得到税收优惠。在所得税方面,在大多数情况下,州法律在免税方面参照联邦法律。在许多州,一个享受免联邦所得税的组织,也会享受免州法律规定的所得税。在其他税方面,对零售税和使用税,通常比所得税的免税要求严格得多。像国内非营利组织捐赠的税收规定,美国联邦所得税法除给予非营利组织免所得税等规定以外,还规定了向几类特殊的非营利

① 王名、李勇、黄浩明:《美国非营利组织》,社会科学文献出版社2012年版,第135页。

组织捐赠时,不论捐赠现金还是物品,捐赠人享受减免一定的所得税。美国联邦所得税法中包括一系列复杂的条款。向慈善组织捐赠,捐赠者可从其应纳税所得额中扣除相应的部分。享受这一优惠的捐赠人可以是个人、公司或信托公司。美国联邦所得税法中对慈善捐赠减免税予以许多限制(对赠予税和遗产税的减免没有限制)。例如个人捐赠的情况,一般对减免额限制在占其调节净收入的50%;对于公司一般为占公司税前净收入的10%。这些是用来限制在一个纳税年内慈善捐赠的减免税数量。但是,在大多数情况下,"超额"的减免税数额可被往后顺延,用在下一个纳税年中。美国"国内税收法典"第170条,就捐赠人、捐赠物、受赠对象、所享受的优惠等给予了详细的规定。如捐赠的是货币还是财产,而财产也有各种形式;受赠对象是公共慈善机构还是私人基金会,这些都影响是否予以减免税或减免多少税额。① 同对非营利组织本身的税收减免政策一样,州法律对捐赠者的税收减免也有规定。州法律规定慈善捐赠可以享受税法的减免税待遇。整体来讲,在联邦税法规定中享受减免税权的慈善捐赠同样在州税法的规定中也享受减免税权。但是,在有些情况下,州法律规定了一些要享受减免税权必须遵守的额外规定和要求。此外,州法律的遗产税法通常不适用于慈善组织。②

三、美国非营利组织的监管制度

(一)外部监管

1. 司法监管

如前所述,美国法律通过公司法、与税收相关的州政府和联邦法令,对非营利组织的注册、管理、税收减免等方面作了明确规定。同样,美国法律对受赠、捐赠行为有严格的规定,如受赠机构在接受250美元及以上捐款后,必须给捐赠者开具收据,供捐赠者作抵扣应缴税所得额的依据。在法律监管的大框架下,立法部门起草、制订相关法律、法规;司法部门需要对各种法律上的争议以及对指控违法行为进行裁定。

---

① 王名、李勇、黄浩明:《美国非营利组织》,社会科学文献出版社2012年版,第139页。

② 赵泳:《美国非营利组织的税收制度》,《中国社会报》,2003年4月25日。

完善的法律法规为美国非营利组织的监管提供了强有力的保障。美国州检察长对非政府组织负有重要的调查、审计等监督职能。如果发现非政府组织领导人有转移资金、进行诈骗或因管理不当导致组织财产损失等行为,检察长可以控告他们并负责将相应资金和损失追回还给非政府组织。不过,州检察长的具体监督职能主要是由隶属于其的两个机构慈善信托登记处和慈善信托法律和审计部来协助完成的。前者负责收集处理公益性公司和慈善信托人提交的财务信息,负责接待要求查看这类信息的公众,记录公众对非政府组织的投诉并转交给后者处理。后者由律师和审计员组成,负责对非政府组织财政的滥用浪费和欺诈行为以及错误管理进行调查和审计。其调查结果转交给市法院以防备某些人转移资产。这个部门也负责审查和实施有关非政府合并、财产出售、人员待遇、机构借款以及章程修改等事宜。①

2. 税务机构监督

许多非营利组织在资金收入上是免税的,或者免联邦税,或者免州税,或者免地方税,但究竟是否能够免税,由美国税法 501(c)(3)条款说了算。

美国税法将非营利组织划分为三种类型:

第一种类型,符合 501(c)(3)条款的组织,如教会、学校、慈善等。

第二种类型,符合 501(c)(4)条款的组织,如社会福利组织、公民团体、地方雇员协会等。

第三种类型,符合 501(c)(6)条款的组织,如商会、联合会等。

另外,非营利组织每年的财务状况必须填写税务机关的 990 表,接受税务机关的监督②。如美国法律规定:非政府组织私人基金会每年至少要将其资产的 5% 用于捐赠,否则就强行扣税。私人基金会持有一家公司的股票超过其资产的 35%,或持有同一公司的和自己控制的股票超过 51%,就必须卖掉。必须经常性地对私人基金会的运行和年报进行严格审查,以防止有人借此谋私③。

这项监督主要由美国国税局来实行,它们通过对美国非营利机构的经营活动目的进行经常性的、连贯性的审查,如果审查发现目的是为了慈善目的就可免税,为了市场目的就要纳税。例如,如果一个博物馆附设餐厅,餐厅的门开在大街上,而不是只能经过博物馆才能进入餐厅,这个餐厅的经营就视

① 戴昌桥:《论美国的非政府组织》,《求索》, 2009 年第 11 期。

② 龚咏梅:《对美国非营利组织的考察与思考》,《社团管理研究》,2008 年第 9 期。

③ 杨团:《美国非营利组织管理》,《中国民政》,1999 年第 10 期。

为与该机构无关的经营活动,其收入照章纳税。博物馆内设餐厅如果赚钱超过合理程度,国税局也要考虑让其缴税,再如一个非政府组织附设礼品店,与其工作相关的礼品只占很小部分,那么,超过一定比例的礼品就得缴税。

(二)内部监管

1. 董事会制度

每个非营利组织在成立之初就必须有自己的董事会,董事会成员通过投票的方式选举产生,并在自愿原则的基础上担任职务。因为每个董事会成员不仅必须在资金上对自己的团体有贡献,也要在专业技能上能够对团体有指导,并且是义务的。董事会的职责在于决定组织的发展方向与使命,建立管理章程,确定管理程序,确保人员、资金到位,监督组织财务、项目活动等。

2. 信息披露制度

非政府组织建有自己的网站,每年必须发表年报,其财务状况、项目活动均有清晰的显示。非政府组织的管理者们非常热衷于公开组织的各方面信息,因为他们充分感受到,公开透明的财务状况和项目活动对组织的发展非常有意义。一方面,公众有了解非营利组织活动和资金运行的合法权利;另一方面,对公众保持透明度有助于非营利组织获得公众的信任。在组织的互联网主页上公开定期报告成为公众获取相关信息的低价、高效的方法。如“美国指导之星”(Guide Star)是关于美国慈善组织的全国性数据库,它收集并提供超过85万个免税的非营利组织的资料,常常链接到组织主页以便查询该组织提交的会计报告和税务报表①。

第四节　美国著名的非营利组织

一、福特基金会(The Ford Foundation)

(一)组织简介

福特基金会由美国“汽车大王”福特(Henry Ford,1863—1947)在1936

① Guide Star,http://www.guidestar.org.

年设立。1950 年，福特基金会和福特汽车公司分开，在一个独立理事会的管理下运作。从那时起，福特基金会再也没有接受任何捐助，基金会的资金全都来源于原有基金在股票、国债、房地产等各方面的投资所得。根据美国法律，基金会每年至少使用基金总额的5%从事慈善事业，才能保留免税待遇。福特基金会每年投入慈善事业资金比例占资金总额的5.5%—6%。根据市场波动带来的基金总额的变化，资助额度也会相应浮动。

基金会章程规定：基金会资金主要用于科学、教育和慈善、所有的公共福利。基金会的宗旨是通过加强民主价值观，减少贫困和不公，促进国际合作和提高人类的成就来提供公共福利。①

目前，福特基金会理事会由 14 名理事组成，原则上理事任期 6 年，这些理事来自四大洲，都受过高等教育，并具有商业、法律、政府、非营利组织管理等方面的国际经验。理事会负责制定资助方向、区域重点、开支、投资、管理、治理与专业标准、内部与独立审计、薪酬和绩效考核政策。理事会下设：审计、执行、投资、管理与治理、会员、规划和代理七个委员会。执行委员会负责每年对理事会及各委员会、独立理事进行考评。②

（二）服务领域

1950 年，《关于福特基金会的政策和规划的报告》提出。根据这一报告提出的精神和具体建议，基金会在全球范围内的资助活动主要包括：承诺对世界和平和建立世界法律与司法程序给予巨额捐助；更大程度充分保障自由和民主以解决日益变化的社会不断发生的问题；促进各国人民的经济繁荣，改善经济状况，从而更好地实现民主目标；加强、扩大和改善教育设施和方法，更好地实现每个人的知识、精神文化潜力，促进教育机会的更好平衡，保护和提高知识和文化水平；增加影响和决定人类行为因素方面的知识，提高此类的知识水平使个人和社会更大的受益。③

福特基金会工作的重点领域为：帮助贫困农村、救济城市贫困儿童、人权和社会法律、教育与文化、国际事务、国家管理、环境与发展、生育健康等。

---

① The Ford Foundation. http://www.fordfoundation.org/about - us/history.

② 王名、李勇、黄浩明：《美国非营利组织》，社会科学文献出版社，2012 年版，第 362 - 365 页。

③ 王名、李勇、黄浩明：《美国非营利组织》，社会科学文献出版社，2012 年版，第 362 - 365 页。

(三)福特基金会在中国

1979年中美建交之后，福特基金会开始对中国进行资助，资助的项目活动集中于三个领域：经济、法律和国际关系。基金会于1988年在北京设立办事处。[①] 从1999年起，福特基金会每年都会就一些项目进行评估，选择10个左右的项目进行资助，一般给每个项目2万美元，大的不超过10万美元，而个别有长期合作关系的，则可能考虑一次性资助。[②] 迄今为止，福特基金会资助中国的资金总额已超过2.75亿美元。[③]

随着中国社会发展重点的改变，福特基金会在中国的工作也有了新的内容。目前，福特基金会对中国的资助主要在经济发展与金融、教育改革与文化多样化、环境与发展、治理与公共政策、国际合作、法律和权利、性与生殖健康等领域。[④]

二、洛克菲勒基金会(The Rockefeller Foundation)

(一)组织简介

洛克菲勒基金会于1913年由老约翰·洛克菲勒(John D. Rockefeller Sr.)在纽约注册成立，1914年成立“中华医学基金会”(China Medical Board，简称CMB)，1928年与劳拉·斯培尔曼·洛克菲勒纪念基金(Laura Spellman Rockefeller Memorial Foud)合并。其宗旨是“促进全人类幸福”。[⑤] 在造福全人类的宗旨下，历经了重点捐助医疗卫生、农业等自然科学向重视社会、人文科学的发展过程，为美国的医疗卫生、教育、农业、文学艺术、社会环境及国际文化交流等方面做出了卓越的贡献，在美国国内社会建设和对外关系中起着举足轻重的地位。在近一个多世纪的发展过程中，洛克菲勒基金会以其科学的管理体制，先进的慈善理念和庞大的资金力量，成为美国现代慈善基金会的楷模。

---

① 李诗洋：《福特基金会在中国》，《国际融资》，2005年第3期。

② 章轲：《福特基金会：关注中国经济成长》，《中国经营报》，2001年12月13日，001版。

③ The Ford Foundation. http://www.fordfoundation.org/regions/china/history.

④ 李诗洋：《福特基金会在中国》，《国际融资》，2005年第3期。

⑤ The Rockefeller Foundation. http://www.rockefellerfoundation.org/about-us/our-history.

(二)服务领域

100 年以来,洛克菲勒基金会一直以促进全人类幸福为己任。发展到今日,其服务内容主要包括四大领域:生态系统再评价(revalue ecosystems)、生活保障(secure livelihoods)、城市改革(transform cities)和促进健康(advance health)。目前,洛克菲勒基金会的具体工作项目涵盖了气候改变恢复(Climate Change Resilience)、食品安全(Food Security)、海洋与渔业(Oceans & Fisheries)性别平等(Gender Equity)等方面。[①]

(三)主要成就

1. 医疗卫生领域

老洛克菲勒本人相信健康为人类福利之本,发展医学可以解决一切问题,所以洛克菲勒基金会早期几乎全部工作都在这方面,在教育方面的特色也是发展和改善医学教育。洛克菲勒基金会支持的单项研究所取得的成果不计其数,一般说来都带有开创性。在工业医疗(即职业病)、精神病、流行病、遗传学、生物物理、生物化学以及研究仪器的改进和发明等方面都取得了突破性成果。

2. 农业改良方面

饥馑问题一向是慈善和公益事业关注的问题。洛克菲勒基金会认为要根治饥馑关键在于改良农业,使粮食大幅度增产。继发展医药卫生之后,农业改良也一直是基金会长期工作的重点。这项工作主要在第三世界开展,其做法是资助有关国家的农业改良技术研究并创建将新成果推广的机制和方法。基金会特别注意结合当地实际情况因地制宜,尽量利用当地的人力资源和已有的经验,以取得事半功倍的效果。几十年来这个领域相对投资较小而成绩较为显著。

3. 人文社科领域

早期对文学艺术的资助主要集中在古典方面,资助一些名校如哈佛、耶

① The Rockefeller Foundation. http://www.rockefellerfoundation.org.

鲁、普林斯顿等大学的艺术、古代史、考古、古典文学等领域。20 世纪三四十年代基金会资助了当时在各大学蓬勃兴起的戏剧专业的活动，并通过一些相关的组织和机构资助许多年轻的导演、剧作家及舞台设计等人员。基金会还特别关注对于初出茅庐的青年作家和艺术家的培养，针对此特别出台了一项资助计划，后来有不少名家都受到过基金会的资助。此外，基金会还出资支援一些交流活动。基金会关注人文和社会科学，确定的资助重点有三个领域：经济稳定、公共行政管理和国际关系。此外，基金会还资助一些前沿课题的研究。

4. 种族问题方面

基金会在黑人高等教育方面做了重要工作，主要有：资助南方一些大学首次招收黑人学生；改进原来的黑人高校的教学质量；在一些大学设立暑期班，以扩大达到入学标准的黑人队伍。到 1963 年基金会成立 50 周年时，用于此项计划的款项累积达 8500 万美元。

5. 机会平等方面

基金会成立了机会平等部，在实现机会平等工作方面的具体做法是以贫困社区为对象，给予必要帮助，主要是创造就业机会、改善学校条件以加强教育机会平等、促进社会正义（包括反对各种歧视）以及协助社区自我建设。“机会平等”不可避免地又涉及少数民族问题。所以在此项目下，基金会支持改善城市少数民族境遇，特别是改进城区的中小学，培养黑人教师和校长，研究城市贫民窟长期存在的原因和培训少数民族在各行各业的带头人。社区综合建设是这一领域中一大项。基金会发起“全国社区发展行动”，除自己出资外，与政府的住房部合作，也向其他方面集资，在美国各地大规模地开展了此项目。基金会发表的题为《更新社区建设的事迹与美国城市的前途》的研究报告，总结了过去 20 年美国社区建设的经验，成为美国社区建设的指南。[①]

① 百度百科，http://baike.baidu.com/view/163284.htm

三、美国中华医学基金会(China Medical Board)

(一)组织简介

美国中华医学基金会(China Medical Board,简称 CMB),是一家独立的美国基金会,通过资助医学、护理以及公共卫生研究和教育来改善中国及亚洲邻国人民的健康状况。CMB 创始于 1914 年,是洛克菲勒基金会的第二大项目,并于 1928 年在纽约改组为一个独立的基金会。CMB 最初的职责是创建并运营北京协和医学院。自 1950 年从中国撤出后,CMB 便开始在日本、韩国、香港、菲律宾、泰国、印度尼西亚、马来西亚、新加坡和台湾等亚洲国家和地区开展工作,促进其医疗能力建设。自从 1980 年应邀返回中国后,CMB 在华资助了多所医学院校,帮助他们提高医学教育和研究水平。除此以外,柬埔寨、老挝、缅甸、泰国和越南等东南亚国家的多所医学院校亦是其资助对象。

(二)主要活动及成就

CMB 总部位于美国马萨诸塞州的坎布里奇市,在中国北京设有代表处,拥有一支出色的赠款管理和项目支持团队。CMB 资源投放集中,资助目标明确,受助机构皆经过精心挑选。在近一个世纪的慈善事业中,CMB 已为远东和东南亚的众多医学院校提供了数亿美元的资金援助和技术支持。CMB 拥有超过 2 亿美元的资产,每年资助额度超过 1000 万美元。

成立初期,CMB 主要资助北京协和医学院。1951—1980 年,中断了与中国的交往而资助其他东南亚国家。1980 年,受中国政府邀请回到中国,其资助范围扩大到了当时的 8 所卫生部属医科院校,其后慢慢还有一些院校成为 CMB 的资助对象。目前 CMB 主要资助中国的 13 所医学类院校,分别是:北京协和医学院,北京大学医学部,复旦大学医学院,四川大学医学院,中南大学医学院,中山大学医学院,西安交通大学医学院,浙江大学医学院,哈尔滨医科大学,中国医科大学,宁夏医科大学,九江医学院,西藏大学医学院。在 100 年的慈善活动中,CMB 为推动亚洲特别是中国的医学卫生事业作出了巨大贡献。

在医学教育方面,CMB 主席联合主持了一个全球医学卫生教育专家委员会,以评估全球医学教育发展的历史和未来。该委员会的报告以专刊形式发表在《柳叶刀》杂志上,引起了国际社会对医学卫生教育创新和改革的极大关注。在中国,CMB 支持成立了一个中国医学卫生教育专家委员会,来重新审视中国在 21 世纪的医疗卫生专业教育。CMB 率先参与了全球及亚洲卫生教育专家们的教育革新,使卫生体系在相互依存的国际环境中得以巩固。作为此项工作的一部分,CMB 也支持着医学、护理和公共卫生领域的教育网络建设。①

2008 年,CMB 推出一项全新的资助战略,以期加强中国和亚洲机构在"关键能力"上的科研能力,来面对 21 世纪最大的健康挑战——即在市场经济环境中,使所有人公平地享有初级卫生服务以及预防性卫生服务,使所有人受益于知识进步。要实现该目标,具体的措施就是加强卫生政策、卫生体系以及医学教育领域的能力建设,通过提高研究能力来推动实现卫生公平。2014 年 CMB 正满百岁。为了纪念这个历史性的时刻,CMB 理事会已经开始筹备一系列活动来回顾 CMB 过去一个世纪的发展历程,并展望未来百年的使命和战略。

① 美国中华医学基金会:http://www.chinamedicalboard.org/

第七章　美国社会保障制度

社会保障是人类社会发展过程中的重大成果之一。不同国家受经济、政治、文化、社会环境等因素的影响，社会保障各有其自身的特点。在美国社会保障制度尚未成型之前，社会保障主要由私人、政府起到一定督促的作用，部分州颁布了与救助相关的强制法令，主要目的是维持被救助者的生存，保障社会再生产。在这种状况下，社会保障制度的发展成为一种必然趋势。

第一节　美国社会保障制度的发展历史

一、低水平的社会救助阶段

1935 年《社会保障法》颁布之前美国的社会救助属于低水平救助阶段。这一时期的社会救助主要有以下几种形式：

1. 政府救助

殖民地时期和美国独立后一段时间内，美国一直效仿欧洲的《济贫法》，尤其是英国济贫措施来进行社会救助。政府通过征税为公共福利积累资金，1787 年《美利坚合众国宪法》规定："国会有权课征直接税、关税、输入税和货物税，以偿付国债，提供美利坚合众国共同防务和公共福利。"政府设立济贫院，为需要救济的贫民提供济贫院内的救济。

2. 慈善组织和个人的救助

以个人和慈善组织形式出现的社会救助一直活跃在社会救助活动中。

当时的本杰明·富兰克林、乔治·华盛顿等都是著名的慈善人物，他们定期都会捐赠一定的物资来帮助救济贫民。另外，一些慈善团体组织也发挥了重要作用，①慈善个人和团体的社会救助在当时的济贫活动中发挥了重要的补充作用。

3. 家庭照顾式的救助

海德里市议会1687年通过了一项决议：设立一个专门的渠道，将需要救济的对象轮流送至城里的各个家庭，让他们与这些家庭的成员一起生活两个星期。这种形式的救助方式，就是通过将生活贫困的穷人寄养在富裕家庭来提供救助。但这种救助只能是在一段时间内进行，并不能长期执行。

4. 其他形式的救助

慈善拍卖和减免税收也是这一阶段的一种重要形式。慈善拍卖是一些城镇和地区定期进行一些拍卖活动，所拍卖的物品大都是生活必需品，穷人在这里可以以较低的价格买到他们需要的东西。对生活贫困者减免税收，包括直接减免贫困者税和减免医生税费。另外，市政当局也时常通过对医生减免税收的措施来鼓励他们为无法支付医疗费用者提供医疗服务，从而为穷人提供一定的医疗救助。

二、全面社会保障制度的建立阶段

美国是世界上最早实行系统的社会保障法律制度的国家。工业革命的完成为美国社会保障事业的发展提供了动力。同时，伴随着20世纪工业化和城市化的进程，经济危机层出不穷。工业革命带来的经济繁荣，受惠者主要是大资产阶级，老年工人由于技术的淘汰面临失业风险和生活危机。1929年10月下旬，以纽约股票市场大崩盘为标志的经济大萧条给美国带来了极大的灾难。大量工厂倒闭，大批工人失业，到1933年，失业者达到1500万人，占全国工人总数的1/3。老年人的私人储蓄因银行倒闭化为乌有，只

① 吴潇：《1935年〈社会保障法〉颁布前美国的社会救助》，《北方文学》，2011年8月，第188页。

得靠慈善机构的救济勉强糊口，1933 年全国有 1/6 的家庭靠领救济金度日。[①]

受命于危难之中，罗斯福 1933 年上台并开始推行新政，罗斯福新政在社会保障方面做出了一系列的努力：

1933 年 5 月，签署《联邦紧急救济法》，拨出资金分配给各州进行紧急失业救济，联邦政府承担起救济公民的责任。

1933 年 11 月，创建“民用工程管理局”，雇用大量失业工人，并提供大大高于工资水平的救济金，鼓励失业者投入劳动进行自救，从而大大缓解了就业压力。

1934 年 6 月 8 日，罗斯福提出立法计划，组成委员会起草法案。

1935 年 1 月，向国会提出进行社会保障立法要求的咨文。

1935 年，《社会保障法》颁布。

美国 1935 年《社会保障法》共有十篇，是美国历史上第一部关于社会保障的立法，包括养老金制度、失业保险、儿童救济、最低工资、资助保障等方面，主要内容涵盖两大保险计划和三项救助计划：

一是建立由联邦政府主办的老年保险。新的老年保险计划由雇主和雇员双方共同缴纳费用。

二是由联邦政府和州政府合办的失业保险。失业保险由各州独立组织管理，向雇主征缴税费筹集一定的资金，当职工失业时对其提供补贴。

三是实行老年人救助计划，在各州进行家庭调查，由联邦政府基金向老年人提供基础的现金补贴。

四是盲人援助计划。对各州所成立的、并且获得联邦政府批准的盲人援助项目提供联邦补贴。

五是儿童援助计划。对于 16 岁或 18 岁以下，父母亡故或残疾而不能得到应有照顾，无独立生活能力的贫困儿童家庭提供现金帮助。

1935 年颁布的《社会保障法》为美国建立起了一套全面的社会保障计划，政府担负起统一办理社会福利的责任，以法律的形式保障了公民的权利。这种全国性的社会保障制度的创立为美国社会工作的发展奠定了制度基础。

① Walter I. Trattner, From Poor Law to Welfare State: A History of Social Welfare in American, New York, 1989.

第二节　美国社会保障制度的主要内容

一、老年社会保障制度

美国的老年社会保障制度主要由三部分组成：美国老年、遗属和残障保险（Old Age，Survivors，and Disability Insurance，简称 OASDI）、美国老年收入补充保障政策（Supplemental Security Income，简称 SSI）和美国老年和残障健康保险（Medicare）。

1. 美国老年、遗属和残障保险（OASDI）

在美国公共养老社会保障体制下，建立最早的社会保障制度是老年、遗属和残障保险计划，老年、遗属和残障保险计划根据退休职工缴纳社会保障工薪税的记录和退休年龄，按月为美国退休老年人发放养老金，它由美国社会保障管理局管理和运作。这项制度的主要内容包括：基本保额规定、正常退休年龄规定、遗属福利规定、配偶养老金与遗孀养老金规定、子女养老金和伤残福利等内容。[①]

基本保额规定是指美国职工的退休收入的计算方法，它以职工参保期间、最高的 35 年中交纳的联邦保险贡献税[②]扣除前的收入进行平均计算。正常退休年龄规定是指职工领取养老金的正常年龄。现行美国社会保障制度对年龄的规定，具体如表 7－1：

表 7－1　申领 OASDI 的年龄限制

申请者类别	年龄限制（岁）
职工退休（提前退休）	62
孤寡要求	60
残障孤寡	50
抚养 16 岁以下子女的父母亲	任何年龄
儿童	低于 18 岁（高中生延长到 19 岁）
残障职工	直到完全退休的任何年龄

资料来源：Social Security Administration，Normal Retirement Age. 转引自李超民：《美国社会保障制度》，上海人民出版社 2009 年版，第 23 页。

---

① 李超民：《美国社会保障制度》，上海人民出版社 2009 年版，第 20 页。

② 即社会保障工薪税，简称为 FICA 税，对于自谋职业者，这个税种称为 SECA 税。

职工提前退休的,领取的退休金数额要相应扣减。OASDI 中的遗属福利规定类似于寿命保险,参加 OASDI 的人一旦身故,其家庭就符合领取遗属保险的资格。美国的遗属福利主要包括寡妇/鳏夫福利、父亲或母亲福利、子女福利、父母福利、丧葬费等几项。配偶养老金与遗孀养老金规定:领取配偶养老金者,包括现配偶、一般婚龄超过十年的前配偶和离婚配偶,领取配偶养老金者,只能领取职工基本保额的一半,与遗属养老金不同,后者可领取全额养老金。子女养老金规定:已退休、残障的或者亡故的职工子女,如果未满 18 岁,或者仍在读高中未满 19 岁的学生,或者是不到 22 岁的残障人士,都可以以"被赡养者"或者"遗属"身份领取遗属养老金。伤残福利规定:只要工作年限足够长,而且又属按照"残保季"计算年限内的最近参保对象,可以领取伤残保障金。①

2. 美国老年收入补充保障政策(SSI)

美国老年收入补充保障政策是由美国政府面向 65 岁以上的老年人、盲人和残障人提供的按月发放的生活津贴费,老年收入补充保障的保障金不是由社会保障基金支出,而是由美国财政部支出,每月的 1 日发放。

SSI 项目开始得比较晚,在 1935 年社会保障法中并没有该项目,1972 年《社会保障修正案》第十六篇建立了该项目。建立该项目是为了向全国的老年人、盲人、残障人提供高于贫困线的积极援助,该项目由美国社会保障署管理。2007 年联邦 SSI 项目支出 360 亿美元。

如若参保,需满足以下条件:第一,必须年满 65 岁,是盲人或残障人②;第二,参保者必须是美国的合法居民,或者是永久性驻外军人的子女,或者是短暂赴海外留学的、符合限定条件的学生等;第三,参保人的收入和财产符合规定条件,一般情况下规定,单身申领者的财产限定为 2000 美元,已婚个人申领者的个人财产限定为 3000 美元;第四,本人必须提出申请。

福利金领取规定:老年收入补充保障计划的补贴发放有固定日期,一般为每月第一天发放,如遇节假日,则提前一天发放。发放计算标准按照"联邦福利费率"进行,2014 年独居的独身老人发放标准为每月 721 美元,独居老年夫妇发放标准为每月 1082 美元,基本保证这些人能够购买食品、支付住

---

① 李超民:《美国社会保障制度》,上海人民出版社 2009 年版,第 21 – 32 页。

② 申领人是否具有残障条件需由美国残障鉴定局负责进行鉴定并出具证明。

房开支。各地可以根据本地的具体情况提供补充补助,那样的话申领人就可以领到更多的现金。例如纽约 2014 年的老年收入补充保障计划每月为独居的独身老人发放 808 美元,每月为独居老年夫妇发放 1186 美元[①]。

3. 美国老年和残障健康保险(Medicare)

美国现行的老年和残障健康保险是依据 1965 年《社会保障修正案》建立的,由美国联邦政府开办的社会保险计划。主要是为 65 周岁以上的老年人或者满足相应条件者提供的健康保险,政府在健康保险中承担主要责任。

参保条件:参加老年和残障健康保险计划者,必须是美国公民,或者有 5 年以上资格的永久居民,且需年满 65 周岁。对于加入该计划的残障人,年龄可在 65 周岁以下,但是,应当是享受过 24 个月的社会保障残障保险津贴,或者铁路退休局残障金之一者;或者是需要不断进行透析治疗或需要肾移植的肾衰病人;或者是符合老年社会保障残障保险条件,且罹患肌萎缩侧索硬化症者[②]。

服务规定:参加老年和残障健康保险计划者,都享受着广泛的政府补贴医疗服务。最早的参加老年和残障健康保险计划分为住院保险(第一类医疗费)和医疗保险(第二类医疗费),且由保险支付的处方药种类很少。从 2006 年 1 月起,老年和残障健康保险计划"第四类医疗费"包括了许多药品,参保对象还可以通过所谓"老年和残障健康保险机会"计划报销第一类医疗费、第二类医疗费、第四类医疗费。[③]

第一类医疗费主要是支付住院费,包括外科和护理服务,X 光检查、检验费,感冒和肺炎免疫、输血、肾透析、门诊外置费,某些急救运输费、器官移植的抗排斥药、化疗费,某些激素治疗费、门诊治疗费等。第二类医疗费主要支付不包括在第一类医疗费计划中的医疗服务和医药费,主要包括报销耐用医疗设备,如轮椅、假肢等。但此类医疗费报销规定经常变化,全国性的报销规定由 CMS[④] 规定。另外,还有适用不同地区,包括几个州共同遵守的

---

① U. S. Social Security Administration. http://www. ssa. gov/pubs/

② 李超民:《美国社会保障制度》,上海人民出版社 2009 年版,第 217 页。

③ 同上,第 218 页。

④ 老年人和残障健康保险计划与对各州医疗援助资助服务中心: The Centers for Medicare and Medicaid Services,简称 CMS。

规定,如当地报销规定 LCD (Local Coverage Determinations,简称 LCD)。[①] 第四类医疗费是美国联邦政府对于参加老年人和残障健康保险计划的受益人进行处方药补贴的社会保障措施。[②]

二、住房保障制度

美国住房保障制度的建立和完善经历了一个漫长的过程。自 19 世纪下半期到 20 世纪 20 年代,美国公共住房经历了由民间酝酿倡议到政府建造的缓慢发展阶段。第一次世界大战时期所进行的公共住房建设计划规模较小,且属于战时应急性质,主要目的是为战时工人家庭提供临时住房,而非改善贫民窟、解决低收入阶层的住房难题。但这标志着美国联邦公共住房建设的开始[③]。

20 世纪 30 年代是美国自由主义改革的第一个高峰,也是美国现代住房保障制度的确立和初步发展时期。面对严重的住房危机,联邦政府开始全面介入住房领域。新政初期,罗斯福政府建立公共工程局,并在该局的主持下实施了多项公共住房计划。这些计划推动了建筑业的复苏,并初步缓解了大萧条期间的住房问题。1937 年,联邦政府出台了美国第一部公共住房法。这一法案将住房问题从 1933 年美国联邦政府为摆脱危机而实施的公共工程和复兴计划中分离出来,单独加以解决,反映了罗斯福政府对解决住房问题、特别是解决低收入居民住房问题的决心[④]。

60 年代结束时,美国"新政式"国家垄断资本主义的发展面临困境,美国历史上第一次出现经济停滞与通货膨胀两症并发的"滞胀"现象。在此背景下出台的 1974 年"住房法和社区发展法"将联邦住房补贴的对象由住房供应者转向住房需求者,完成了补贴方式由"砖头补贴"为主向"人头补贴"的过渡。该法初步完成了 20 世纪后期直至今天的美国住房保障方式的制度化,自此以后,美国针对低收入阶层的住房政策基本上以房租补贴政策为主;将联邦住房援助由住房供应领域转到住房消费领域,联邦补贴一步到

---

① 李超民:《美国社会保障制度》,上海人民出版社 2009 年版,第 218 - 219 页。

② 李超民:《美国社会保障制度》,上海人民出版社 2009 年版,第 221 页。

③ Samual E. Trotter. A Study of Public Housing in the United States ,The Journal of Finance,1958,(3):p. 429 - 430.

④ 李莉:《美国公共政策住房的演变》,厦门大学博士学位论文,2008 年,第 87 页。

位，让低收入阶层直接受惠；此外，它还充分地调动了地方政府和房地产开发商的参与热情，[1]80年代以来，美国联邦政府的公共住房政策基本延续了1974年住房法以房租补贴计划为主的方式。里根政府提出了新的“租金优惠券计划”与1974年的租金证明计划并行。而到了克林顿时期，联邦政府干脆将两项计划合并成一项新的计划。此外，联邦政府还出台了其他一些调整、辅助计划，作为房租补贴计划的补充。[2]

三、医疗保障制度

美国的医疗保障制度属于混合型医保制度，在这种制度下，没有统一的医疗保险，私人和公共医疗保险计划同时存在，而且私人医疗保险是主流的保障体系，大多数工人及其家属由雇主购买的私人保险所覆盖；政府向那些没有私人保险的人提供公共保险计划；医疗保健大都由私人医院和医生提供。[3]

美国的私人医疗保险主要包括雇主资助型健康保险、职工购买的个人健康保险及其他类型的医疗保险。[4]

雇主资助型健康保险，通常是由企业为其职工购买的健康福利。多数美国的健康保险都是以雇用为基础的，美国大公司100%为职工购买健康保险。[5] 雇主开办的职工健康保险有税收优惠政策，并且允许员工进行税前的抵扣。雇主资助型健康保险主要包括小型雇主团体保险和“联邦职工健康福利计划”，后者的雇主属于联邦政府系统。

职工购买的个人健康保险主要是疾病保险，[6]缴费水平与年龄及参保人员的健康状况有关，费用全部由个人支付。自谋职业者购买健康保险可以享受税收优惠，但大多数个人购买者享受不到。平均来看，个人购买健康保

① 李莉：《美国公共政策住房的演变》，厦门大学博士学位论文，2008年，第75－86页。

② 孙填龙：《浅谈美国住房保障政策及其对我国的启示》，《西安建筑科技大学学报（社会科学版）》，2011年第5期。

③ 张奇林：《美国医疗保障制度研究》，人民出版社2005年版，第17页。

④ 李超民：《美国社会保障制度》，上海人民出版社2009年版，第200页。

⑤ U. S. Census – Bureau, Income, Poverty, and Health Insurance Coverage in the United States: 2006. August 2007, http://www.census.gov/prod/2007pubs/p60－233.pdf, 2008年11月18日。

⑥ Individual Health Insurance: An Overview of Products, American's Health Insurance Plans, 2008年11月18日。

险的成本低于购买雇主资助型健康保险,这取决于年龄差异、各自付出保费多少、个人购买保险的针对性等因素。

其他类型的医疗保险比较著名的有蓝十字蓝盾医疗保险计划,这是一个由地方医院(蓝十字)和内科医生组织(蓝盾)资助的非营利组织,诞生于美国20世纪30年代大萧条时期。通过加入计划的医院和内科医生,向参保者提供服务。蓝十字蓝盾的健康保险服务覆盖美国每个城市、社区和偏远农村地区,并为受保人创造了全美范围最广、质量最高的就医网络。就医网络包含了全美90%以上的医院和80%以上的注册医师,规模远超其他健康保险公司。蓝十字蓝盾公司始终不断完善其就医网络建设,实现合理的网络医疗机构数量和结构,以更好地为受保人服务。① 除蓝十字蓝盾之外,此类医疗保险还包括一些传统付费型保险项目、保健组织、有管理的护理机构等。

美国的公共医疗保障则主要包括医疗照顾制度(Medicare)和医疗援助制度(Medicaid)。

Medicare由住院保险(Hospital Insurance,简称HI)和补充医疗保险(Supplementary Medical Insurance,简称SMI)两部分组成。HI很重要的一项内容就是对给付期的规定,给付期从病人住院的第一天算起,截止日期可以计算到病人出院的那一天,也可以算至其他机构连续提供护理或健康服务60日之后。给付期最多为90天,被保险者一生有60个住院日的增补期。② HI用于支付给付期内的住院费用,包括半私人病房的床位费和伙食费,医院服务和药品的费用等。

SMI是一个自愿项目,符合Medicare条件的人都可以有选择地认购,SMI帮助支付医生提供的规定范围内的服务费用,如诊断、外科手术、放射治疗等;SMI还支付门诊服务的费用,如急诊、输血、无法自用的药品等。

Medicare提供保障的人群包括:65岁及65岁以上的老年人;领取社会保障残障保险津贴超过24个月的残疾人;患有晚期肾病(ESRD)的病人;某些不符合条件但愿意支付保费参加此项目的人士。③

---

① 百度百科,http://baike.baidu.com/view/1251084.htm

② HI的常规给付期为90天,90天之内被保险者可以享受HI提供的待遇;90天以后为增补期,增补期最长为60天。被保险者一生中连续住院超过90个住院日的天数(及增补期)则必须累加,超过60天,HI将停止给付。

③ 李超民:《美国社会保障制度》,上海人民出版社2009年版,第81-82页。

Medicaid的服务范围包括向援助对象提供一系列基本的医疗服务,包括医院和医生的服务,家庭健康计划咨询,专业护理机构的照顾,诊断服务,小孩各种疾病的检查和治疗等。各州还可以有选择地提供一些服务,如处方药、牙齿护理、弱智者的护理、老人和小孩的精神病治疗等。

Medicaid的援助人群主要包括贫困的单亲家庭和有一方失业的双亲家庭,穷人、盲人和残疾人;低收入家庭的小孩和孕妇;低收入的医疗照顾对象,包括低收入的老年人和残疾人;有较大医疗开支的人;接受机构护理的人。联邦法律规定,前三类人,各州必须予以援助。后两类人则可以有选择地进行援助。[①] 此外,凡未满21岁的未婚少女,如遇到特殊情形(指怀孕、吸毒、酗酒、性病、受到性侵害、性虐待或精神健康等问题),可申请医疗援助。

除以上两项制度外,美国的公共医疗保险制度还包括军人医疗保险和印第安人健康保险等项目,这里不再赘述。

四、儿童保障制度

美国儿童保障制度的项目设计具有明显的补缺取向。根据美国儿童福利联盟(Child Welfare - League of America)的说法,“儿童福利是针对那些父母无能力照顾、社区资源不足的儿童青少年,提供促进其家庭和社区养育、保护儿童能力的服务。因此,儿童福利服务是支持、补充或替代父母功能不足、有缺陷或停顿的情况,以及修正现有社会机构,或创立新机构来改善儿童及其家庭的状况。”[②]

从福利项目的设计来看,几乎所有项目都是针对贫困家庭,大部分福利项目的执行都是以资产调查为基础,充分体现了“穷人靠国家,余下的人靠市场”的制度设计原则。儿童福利项目安排非常详尽,几乎涵盖了儿童需求的每一个方面,以下是美国儿童福利的主要项目:

在收入保障方面,“抚养未成年子女家庭援助计划(Aid to Families With Department Children,简称AFDC)”是对有孩子家庭的重要补助项目。AFDC的前身是1935年美国社会保障法建立时所确立的“失依儿童补助(Aid to Department Children,简称ADC)”,该计划旨在帮助“父母一方丧失劳动能

---

① 李超民:《美国社会保障制度》,上海人民出版社2009年版,第123-124页。

② 周震欧:《儿童福利》,巨流图书公司2001年版,第49页。

力、死亡、长期离家出走或失业家庭”里的孩子。“抚养未成年子女家庭援助计划”由联邦健康与人文服务部与各州的人文服务局共同管理。联邦机构审批州计划和拨款、提供技术支持、评估各州实施该计划的运作情况、制定标准、收集和分析有关数据。各州制定受助资格,每月寄支票。该计划的费用支出和覆盖范围非常大,1988 年,370 万家庭中有 1090 万人,包括 730 万儿童(几乎是每 9 个儿童中就有一个)平均每月接受援助,总金额达 170 亿美元。其中,联邦政府平均支付 AFDC 成本的 55%,州政府支付 40%,其余由地方政府支付。[①] 除了直接现金给付之外,美国政府还通过“所得税收抵免(EITC)”为有孩子的低收入工人家庭提供补助。为了确保受益者是低收入家庭,EITC 给受助工人支付的工资额有一个上限。超过这一限度,收入所得税抵免将按比例逐步减少,直到最后达到“收支平衡点”时,收入所得税额抵免减少为零。1994 年,有一个孩子的家庭收入是 7750 美元,可获得 26.3% 的收入所得税抵免,即最多可以减少 2038 美元的收入所得税额,这也是家庭收入在7750—11000 美元所能享受到的最高减免额。超过这一限额,收入所得税抵免将减少,直至最后为零。有两个或两个以上孩子的家庭可以享受更多的收入所得税抵免。[②] 2013 年,申请 EITC 的条件为:没有孩子的家庭收入低于 14340 美元;有一个孩子的家庭收入低于 37870 美元;有两个孩子的家庭收入低于 43038 美元;有三个或更多孩子的家庭收入低于 46227 美元。获得的最高减免额,没有孩子的家庭为 487 美元,一个孩子的家庭为 3250 美元,两个孩子的家庭为 5372 美元,三个或更多孩子的家庭为 6044 美元。[③]

在食品和营养方面,为使儿童免受饥饿的痛苦以及在成长过程中获得足够的营养,美国有众多的食品和营养计划,其中影响最大的是“食品券计划”(Food Stamp)。食品券的接受者必须是家庭毛收入低于联邦贫困线的 130%;或者净收入(适当扣除某些收入、与工作有关的必要开支、自己掏钱的医疗费用以及超出的住房开支等)低于贫困线的人。尽管这项资助并不考虑婚姻状况和有无孩子,但是面临饥饿的家庭及其儿童从中受益良多。

---

① 杨冠琼:《当代美国社会保障制度》,法律出版社 2001 年版,第 100 页。

② [美]威廉姆·H. 怀科特、罗纳德·C. 费德里科:《当今世界的社会福利》,法律出版社 2003 年版,第 277 页。

③ Intermal Revenue Service. http://www. irs. gov/Individuals/EITC – Income – Limits, – Maximum – Credit – Amounts – and – Tax – Law – Updates

除了食品券外，有三个营养计划是针对学龄儿童的，即“全国午餐计划（NSLP）”、“全国学校早餐计划（NSBP）”和“暑期食品服务计划（SFSP）”。这些计划的目的是帮助各州“在一个适当的支出成本上为所有儿童提供足够的营养食品”，并且通过鼓励“消费国内有营养的农产品”来支持农民。设计这些项目的时候有着双重目的，一是弥补儿童营养不足的缺陷（特别是钙和铁的摄入量不足），二是使农场主摆脱农产品过剩的困扰。[①] 家庭收入低于联邦贫困线130%的儿童可以享受免费早餐和午餐。收入在联邦贫困线130%—185%的儿童可享受低价伙食。学校营养计划由联邦总税收收入资助，美国农业部食品营养司通过州教育部门管理。2013财政年度，“全国午餐计划”的费用大约为122.15亿美元，“全国学校早餐计划”的费用大约为35.14亿美元，“暑期食品服务计划”的费用大约为4.28亿美元。此外，“儿童成人照料食品计划（CACFP）”中，儿童也是重要的服务对象。这个计划的总费用大约为29.94亿美元，其中针对儿童的费用就达到28.70亿美元。[②]

在教育方面，美国政府对儿童的基础教育资助非常大。美国的公立幼儿园（Kindergarten）是最大的政府资助项目，其功能主要是为儿童上学做准备。此外美国还有一种专为贫困家庭孩子设立的幼儿园（Head Start），孩子在那里可以学习知识，掌握一些基本技巧。Head Start项目成立于1965年，通过向低收入家庭儿童提供教育服务、营养服务、健康服务、社会服务等方式提升其接受教育的能力。截止到2013年，Head Start已为3100百万0－5岁的儿童及其家庭提供了服务。2013财政年度，政府为Head Star提供的资金为75.73亿美元。仅2013年，Head Start为近100万儿童和怀孕妇女提供了服务，其服务遍及城市、郊区和农村的社区。[③] 除了直接资助和开办公立学校外，美国政府还采用教育券帮助贫困学生购买他们所选择的学校教育。

从以上对各个项目的分析可以看出，美国儿童福利制度是一个项目繁多、层次复杂的多元体制。福利项目的内容涵盖收入保障、食品与营养、教育等领域；福利形式包括现金、所得税抵免、实物、服务和代金券，等等。在

---

① Food and Nutrition Services. http://www.fns.usda.gov/fsp/: GordonW. Gunderson, The National School Lunch Program Background and Development.

② United States Department of Agriculture Food and Nutrition Services. http://www.fns.usda.gov/sites/default/files/datastatistics/Keydata－March－2014_0.pdf

③ Administration for Children & Families, Head Start. http://eclkc.ohs.acf.hhs.gov/hslc/data/factsheets/2013－hs－program－factsheet.html

管理上实行中央与地方分权，具体到每个项目又分属不同的部门管理，各部门间权责分明，各司其职。

五、失业保障制度

美国通过立法为在业者提供就业保障与失业保险，失业保险由政府出面通过工业税的形式向雇主征收。

对于领取失业补助的资格，各州常用失业者的数量和收入；可验证的找工作和接受稳定工作的能力与意愿；与申领者最近失去工作和拒绝工作岗位有关的特定不合格规定这三项标准来确定。[①] 此外，《联邦失业税收法》对一些特定行业没有提供失业保障，各州可对其提供保障。但各州一般未明显扩大《联邦失业税收法》的保障范围，如对自谋职业者、某些农业工人和国内服务业、为亲戚提供服务者、医院的病人服务、某些实习生、某些外国工人、某些季节工人、铁路工人（有自办的失业保险计划）就没有提供基本保障。

申领失业保险者，首先应当为一个已投保的雇主工作一定的年限，并且挣得一定的工资。[②] 失业保险金为原工资的50%，目前有90%的劳动者参加了失业保险，每年有300万失业者领取保险金。[③] 对于失业保障金的申领和发放，联邦立法和各州法律都作出了明确规定，在执行过程中，除根据法律规定外，也会根据现实情况，如个人状况、社会发展状况等，联邦和各州之间相互协调，以灵活应对。

六、军人保障制度

美国军人保障制度可从现役军人和退役军人两方面来谈，现役军人的福利待遇主要包括：工资，不太稳定，会随物价浮动，以确保军人的实际购买力；生活补贴，补贴范围较广，包括交通费、安家费、差旅费、住房补贴等30多种；特殊津贴，主要是对特殊兵种及在特殊环境中服役的军人发放的津贴和奖金；免费医疗，在部队服役的现役军人均享受免费医疗的待遇；家庭援助，

① 李超民：《美国社会保障制度》，上海人民出版社2009年版，第329－330页。

② 李超民：《美国社会保障制度》，上海人民出版社2009年版，第331页。

③ 何玉长、余红：《关于瑞典、美国、新加坡社会保障制度的比较》，《社会工作》，1996年第4期。

为军人及其家庭提供日常生活、教育发展、医疗等全方位的服务和援助，主要通过建立家庭支援队、制定相关法律法规来规范家庭支援行为及建立各种支援和保障组织机构来实现。此外，美国的现役军人在生活中还享受多种优惠，如在相应服务区内享有购物优惠，休假期间交通费、旅游费优惠，等等。①

退役军人还可享受现役军人的大部分福利待遇。在退役金方面，正常退役军人通常只能领取一次性退役金。退伍伤残军人会得到政府给予的伤残补偿，伤残补偿的标准主要取决于伤残等级，以对伤残退伍军人的就业和能力影响为标准。此外，退伍军人还享有就业优待权。美国法律规定，政府在委任竞争性或非竞争性、正式的或临时的文职官员时，符合条件的退役军人，相对于其他就业者，享有优先就业的权利。在政府部门任职的退役军人在裁员时享有优先保留下来的权利。政府还可以不通过竞争性考试程序将退役军人委任到一定的职位上。对退役军人拥有的小企业实行政府采购优惠政策，即政府优先采购退役军人拥有的小企业的产品，并规定至少3%的合同金用于此项采购。②

第三节　美国社会保障制度的改革

20世纪70年代开始，“滞胀”成为困扰美国经济的问题。高涨期，物价上涨，资本家纷纷扩大生产，原材料、劳动力和消费资料供不应求；到危机时期，生产下降，失业增加，原材料和劳动力市场供大于求，物价下降。自由主义坚持的以税收、社会保障等形式对社会财富进行再分配的主张需要建立在经济的巨大增长基础上，而“滞胀”是对美国自由主义的重大打击，使美国经济走走停停，增长迟缓。在这种不稳定的经济背景下，20世纪70—90年代，美国联邦政府和州政府在增加社会保障收入、减少社会保障支出方面投入了巨大的人力、物力、财力。在多达8次的修改中，社会保障改革从以下几个方面展开。③

① 陈蒙蒙：《美国社会保障制度》，江苏人民出版社2008年版，第201－203页。

② 王方平：《美国福利制度概况及启示》，《中国民政》，2013年第4期。

③ 牛文光：《美国社会保障制度的发展》，中国劳动社会保障出版社2004年版，第212页。

一、退休年龄延长

1975 年社会保障顾问委员会建议,众议院共和党议员提出延长退休年龄的方案;1983 年,社会保障修正案规定,劳动者于 2000 年可在 62 岁提前退休;到 2027 年,法定退休年龄是 67 岁。

主张延长退休年龄的人认为,自社会保障立法以来,人们的寿命普遍延长,延长退休年龄一方面符合人类生存和发展规律,另一方面可以相对缩短人们领取养老金的时间,进而减少社会保障成本,增加养老保障金的积累。据统计,2000 年以后,如果正常退休年龄提高到 68 岁,能减少约 4% 的长期成本,如果提高到 70 岁,可以减少 12% 的长期成本。

二、严格保险给付的条件

1972 年规定,领取全额年金,被保险人只要具备 24 个工作季点[①]就可以;1990 年后规定,领取全额年金工作季点需满 40 个。

1967 年,子女在 6 岁以下的父母可以领取抚养子女补助,但如今规定在 3 岁以下才可以领取这项补助。

残障年金给付条件,伤残持续时间由 12 个月延长到 24 个月,给付等候期由 5 个月延长到 6 个月。

吸毒致瘾或酒精中毒不再具备领取补充保障收入的资格。

伤残子女不符合人身或精神严重伤害标准的不再享有补充保障收入的现金给付。

没有父亲的家庭,或者中途辍学、不愿与父母(监护人)同住的少女妈妈减少补助金。

不愿意参加工作的父母,不配合州政府当局建立父子关系的未婚母亲以及在食品券领取方面诈取价值达 500 美元者,取消其享受社会保障给付资格。

---

① 工作季点:按工作时间和一定保险税金额计算的工作点数。

三、改革筹资模式

美国社会保障从建立到20世纪50年代，筹资模式一直实行“以支定收，略有结余，留有部分积累”的原则。60年代后，退休人员增加，养老金支出增加，加上通货膨胀，财政出现危机，社会保障筹资模式采取“现收现付”的方式。现收现付的筹资模式灵活易于操作，且社会共济性强，但是在老龄化速度加快的情况下，这一模式会加大年轻人的负担。在收入有一定限度的情况下，需要政府财政补贴，这实际上又加重了政府的负担。在这种情况下，1977年，美国废止“现收现付”制，开始实行混合型的部分积累模式。①

四、削减项目，扣减部分保险金

早在1967年，国会就立法取消了每月用30美元加上1/3的附加工资来积累家庭子女补助基金的办法，并且在法律生效之前控制家庭子女规模。1981年，里根政府社会保障改革方案废止了5项经常性的最低补助金。1996年5月，克林顿政府支持各州取消联邦政府对贫穷儿童的现金补助，同时还缩短了某些福利享受的时间。保险金的部分扣除通过两种方式：一是经收入调查，退休人员实际收入超过政府规定的限额，需扣减部分社会保障给付金；二是社会保障收入缴税（1983年立法）。经收入调查，单个被保险人的综合收入达到一定数额，社会保障金要缴纳收入税。

五、实行新的医疗制度

新的医疗制度包括节约开支、给付限制和强制承保。节约开支包括精简保险机构、简化医疗手续、减少保险责任、降低病人支付给医生的各种手术和治疗费用。对于欺诈滥用资金行为采取严厉惩罚措施，对医疗不当的赔偿金额以及每年支付医院、医生、医疗机构等的费用设定上限。政府通过立法手段强制保险公司为劳动者承担医疗保险责任，以减少公共医疗照顾开支，扩大医疗保险范围，保证劳动者健康照顾的连续性。

---

① 混合型积累模式即一方面对已经退休者的养老金继续实行“现收现付”制，另一方面，为迎接即将到来的退休高峰期，预筹部分积累基金。

六、扩大私营养老保险市场规模

20世纪70年代以后，社会养老保险私营化、市场化一直是美国政府减轻国家财政负担的重要手段。政府采取鼓励措施刺激私营保险计划的发展，例如，雇主拨付给职工养老基金的资金可以享受免税；雇员存入养老账户的资金可以暂时免税，退休领取时再缴纳。此外，私营养老基金用于投资后的盈利部分也可以享受免税。政府的这些政策措施都大大加快了私营养老保险市场的发展，到1995年，美国私营养老基金的资产达到3万亿美元，超过银行资产。[①] 从1998年到2007年，美国私营养老迅速发展，到2007年年底，美国的私营养老计划总资产达17.9万亿美元。[②]

第四节 美国社会保障制度的特点及对中国的启示

一、美国社会保障制度的特点

美国社会保障制度的显著特点是：资金来源多元化；保障项目市场化；社会保险基金实行混合制管理。

1. 资金来源多元化

美国社会保障基金的来源从基金筹措比例的角度来看，通过投保人筹措的部分占基金份额的57%，国库和其他公费负担占基金份额的35%，国有企业等提供的占8%。从国家、雇主和雇员三方最终分摊比例的角度来看，雇主和雇员负担了主要部分，大约占基金的70%—80%。[③] 美国社会保障的筹资方式是政府、企业与劳动者三方分担，个人和企业缴费为主要社会保险基金的来源。是一种自由保险式的社会保障模式，特别强调权利和义务的对等性，即社会保障的受益者首先应该是缴费者。美国社保资金正朝着私营化和分散化的方向发展，政府在社会福利支出中提供最大的资金渠道，并

---

① 牛文光：《美国社会保障制度的发展》，中国劳动社会保障出版社2004年版，第214页。
② 周志凯，金融危机下的美国私营养老金及其启示，《财政研究》，2009年第9期。
③ 徐锦文：《美国社会保障制度简介及启示》，《湖北财税》，2002年第1期。

同时对服务提供者提供服务的质量进行监督。

2. 保障项目市场化

美国社会保障项目正在逐步减少,而半营利性的、私人性质社会保险项目有所增加。社会保障制度重点突出对贫困者的救济而不是面向全体公民的福利。社会保障私营化、市场化更符合美国经济与政治制度的要求,它一方面有利于保险经营者从经济目标出发确定经营与投资战略,从而为保险人和被保险人双方带来丰厚的收益;另一方面有利于合理分配社会资本,减少联邦政府财政赤字。①

3. 社会保险基金管理实行混合制

混合制是指现收现付制和资本积累增值制的综合。但大多数情况下以现收现付制为主,资本积累增值制为辅。现收现付是以当年所有的进款(包括国家补贴)用于投保者中需要者的支付。资本积累增值制是指投保者从劳动生涯开始就为自己的医疗、事故、失业和养老逐月储蓄一定数量的资金。美国混合制的做法是,从在职人员工资收入中,征收一定的积累税,使收入大于支出,以适应人口结构变化的需要。

二、美国社会保障制度对中国的启示

美国的社会保障制度在整个社会的发展中发挥了不可替代的作用。从最初经济大萧条时缓和经济危机、调节社会矛盾,到经济复苏、发展过程中对经济运行的调整,到帮助政府进行宏观调控、促进社会经济稳定发展,社会保障制度的不断发展和完善极大地推动了美国生产力的发展,促进了美国经济的腾飞。这对于中国建立和完善社会保障制度具有很强的借鉴意义。

1. 社会保障制度的建立和运行是一个循序渐进的过程

美国社会保障制度的建立和发展是随着本国经济的发展,呈现出社会保障对象由窄到宽、社会保障项目和保障费用由少到多的趋势。中国的社会保障改革和发展要结合本国的国情,从实际出发,充分考虑到国家、集体

① 王慧先:《美国社会保障制度的发展及启示》,《社会福利》,2012年第5期。

和个人三方面的承受能力，从而逐步完善中国的社会保障制度。

2. 完善社会保障制度的相关法律法规

社会保障建立与运行的基础首先要有法律的保证。从1935年美国颁布世界上第一部《社会保障法》开始，美国在法律基础上实现了社会保障制度的统一和发展，从而使美国社会保障制度具有制度化的特点。中国的社会保障法律规范刚刚起步，缺乏统一的管理部门，许多即时政策往往得不到全面有效的实施，这就导致中国目前的社会保障实施效果不理想。而只有在完善的法律体系保障下，才能保证社会保障措施的顺利实施。因此，中国应将各项社会保障的运作纳入法制化、规范化的轨道，确保法规的权威性、执法的严肃性和强制性，这样才能实现社会保障政策的统一，使实际操作中的许多问题找到法律解决的依据。

3. 建立多样化的社会保险，拓宽资金来源渠道

从美国社会保障制度的特点来看，筹资多元化是使美国社会保障制度持久发展、稳步前进的重要因素。中国尚处于社会主义初级阶段，社会保障工作不可能仅靠政府一方面的力量来承担。因此，寻求多渠道的社会保障基金来源，形成以政府、企业和个人负担为主，社会捐助为辅的多样化筹资体系，显得十分重要。

4. 建立高效的社会保障管理体系

统一的社会保障管理机构主要负责社会保障事业发展规划、方针和政策的研究、制定，协调相关的部门、地方政府、市场之间的相互关系。通过社会化管理、运转高效的管理机构，一方面可以监督法规、政策的贯彻执行，确保社会保障基金的正常运营；另一方面可以提高社会保障基金的运作效率和社会保障的整体协调能力。①

中国应积极探索符合中国国情的社会保障模式，学习借鉴西方社会保障制度的成功经验，拓宽社保资金来源渠道，增加社会保障覆盖面，真正做到理论研究与实践的相互促进和发展，建立起适合中国社会发展的社会保障制度。

---

① 张超:《美国社会保障制度的历史演变及其带给我国的启示》,《商业文化》,2010年第11期。

第八章　美国社会工作的特点和经验

前面章节介绍了美国社会工作的发展历史、现状，以及社会工作在美国的职业、教育、服务状况，还有美国的非营利组织和社会保障制度等内容，在此基础上有必要总结出美国的社会工作特点以及给予其他国家的借鉴经验。

第一节　美国社会工作的特点

一、美国社会工作专业化水平较高

如前面章节所述，美国的社会工作之所以能如此迅速地发展，与其专业化是分不开的。这个专业发展的基础可以追溯到一个多世纪以前的美国和英国。当时，社会福利机构的建立主要从经济上帮助了一些个人和家庭，同时也对其提供了必要的心理支持。随着这些服务的不断发展和正规化，对培训的要求就越来越迫切了。美国社会工作的专业化可以从两个方面体现：社会工作专业学院和社会工作教育协会。

1898 年，纽约慈善组织协会"首创社会工作专业学院的先河，开始提供 6 个星期的培训课程，主要是提高那些已经在这一领域提供服务的工作人员的效率"。[1] 这就是美国纽约社会工作学院的前身(1963 年改名为哥伦比亚大学社会工作学院)。随后，在美国各地，社会工作的培训中心开始不断涌现。到 1910 年，美国的五个大城市都依次建立了社会工作学院。

---

① Esther Lucile Brown, Social Work as a Profession (New York: Russell Sage Foundation, 1942), p. 29.

美国的社会工作教育协会成立于1952年,是由三个相关机构合并而成的。它成为美国和世界社会工作教育的一个核心组织。它的宗旨是"面向社会工作专业和所有关注自己的家庭和所在社区的利益的公民,增加合格的社会工作者的数量,同时,提高社会工作教育的质量"。它的目标是支持、加强和改善社会工作教育,培养大量的、合格的社会工作者。

社会工作教育协会鼓励社会工作教育者与公民、社会工作从业人员、社会工作机构领导之间建立合作伙伴关系。该协会的手册显示,它负责监测社会工作教育的质量,是美国唯一的社会工作教育的资格认定机构,得到了美国教育部和全国资格认定委员会的授权,需要得到它的认可必须具备相应的较好的专业知识和较高的素质。它的会员来自机构团体成员,包括美国大学的本科生和研究生的社会工作专业、主要的全国性和地方性的公立和志愿性社会机构、全国社会工作者协会,以及其他的专业组织。个人会员包括社会工作从业人员、教育者以及对社会工作教育感兴趣的社会人士。

二、社会工作专业协会及专业人士发挥了重要作用

要从一个学科变成一个专业,最重要的就是有一个专业团体。社会工作专业也是这样发展起来的。全国社会工作者协会是美国社会工作专业资格审核协会,它不仅有一套完整的社会工作法规,而且还制定了一系列的社会工作实务标准来保证社会工作的展开。

全国社会工作者协会设立了代表大会,每三年开会一次,讨论面临的问题、政策和社会行动。这个代表大会是全国社会工作者协会的最高决策机构。通过会议,美国社会工作协会颁布了《社会工作实务法案》和《政策手册》,各地也根据《社会工作实务法案》与其他相关法规制定了在各自管辖区实施的社会工作法规。它的另一个成就是执照制度。要求社会工作的组织和工作人员要通过一定的测试才能获得资格。它保证了从事社会工作人员的专业素质。社会工作者协会还在预防艾滋病以及妇女解放运动中发挥了重大作用。

对美国社会工作发展影响起着重要作用的就是社会工作者,他们是通过社会工作者资格认定委员会认定的专业工作人员。美国目前的社会工作服务领域(对象)划分得非常细,比如美国社会工作者协会将社会工作服务领域(对象)划分为药物滥用和成瘾、老龄化、儿童福利、公共福利、学校社会

工作、司法/矫正(justice/corrections)、发展障碍(developmental disabilities)、就业/职业社会工作、卫生保健、心理健康/临床社会工作、社区组织、国际社会工作、管理/行政、政策和规划、政治和研究等16个领域。①

美国的社会工作者还可以通过政治参与促进社会公平。社会工作先驱者简·亚当斯(Jane Addams)在1931年获得诺贝尔和平奖;多萝西·海特(Dorothy I. Height)等无数其他社会工作先驱者在美国内战与人权运动中发挥了重要作用;社会工作者珍妮特·阮钦(Jeannette Rankin)是美国国会第一位女议员,也是反对美国参与第一次世界大战和第二次世界大战的领头人;威尔尼·杨(Whitney M. Young Jr.)1961年成为美国城市联盟(National Urban League)的执行主席,任职期间在美国发起了反种族歧视与反贫困特别行动,并在1969年至1971年之间担任美国社会工作者协会主席;弗朗西斯·珀金斯(Frances Perkins)和亚历克西斯·赫尔曼(Alexis Herman)曾先后任美国工党秘书;社会工作硕士毕业的芭芭拉·米库斯基(Barbara Mikulski)是美国第一位女参议院议员;美国社会工作者也曾在预防艾滋病以及拯救艾滋病患者活动中作出了重大贡献,比如美国临床社会工作者苏珊娜·派克(Suzanne Dworak Peck)在美国社会工作者协会发起的预防艾滋病毒和艾滋病特别行动中发挥了巨大作用。另外,美国社会工作者协会也分别在1986年和2004年的妇女运动中发挥了重大作用。

三、通才实务模式

由于现代社会的纷繁复杂,美国社会工作专业有强烈的通才实务工作观。它的专业基础实际上是建立在通才的前提下的,即认为社会工作者在试图改善个人、群体和社区的生活质量及潜能发挥时,不但要考虑个人和环境两方面的因素,同时要注意与这两个因素相关联的方方面面。这一基本前提促使美国社会工作专业朝着全面性、综合性的方向发展,尊重多元的价值观系统,推崇灵活性的专业技巧。

通才取向的社会工作为实现社会工作目标提供了一个现实途径。这一观点使社会工作脱离了以个别对象或领域为着眼点的局限,转向对多重个

① NASW.(2005).Careers in Social Work. April 23,2008,retrieved from http://www, social workers. org/pubs/.

人系统进行干预的广博范畴。通才取向的社会工作内涵十分丰富,考虑到个人问题与群体问题的相互作用,应与多种多样的由人构成的系统一道工作。这些系统包括社会、社区、邻里、复杂的组织、正式群体、非正式群体、家庭和个人。目的是带来变革,最大限度地发挥社会功能。①

美国的社会工作还形成了一种包含"内部"和"外部"两种起引导性作用的影响力范式的理论框架,它帮助通才型从业人员破解特定行为产生的原因,并制定出有意义的干预措施。它的这一范式以社会系统理论和生态理论为基础,还包含了一个发展性的元素,即将人的成长历程放入其中。

内部影响力范式是一个工具,帮助社会工作者解决在环境中不能充分发挥作用的一些原因,它塑造的行为被视为一个连续体,一方面是能充分发挥作用,另一方面是不能充分发挥作用。它试图解释为什么人们有时会有一些奇怪的、意想不到的行为。例如,孩子开始学习走路,这就是一个内部影响力作用的例子。学习走路是孩子内部神经系统等多重内部作用的结果,而母亲对孩子施以微笑和拥抱作为奖赏,构成了重要的外部力量,进一步鼓励了孩子走路这一行为。所以,孩子学习走路是一种内外力量共同作用的结果。

社会工作是一个增强人的能力的专业,它能够帮助人们解决生活和人际关系问题,解决个人和社会机制负责的功能失调问题。这一专业在美国坚持专业性教育、严格的资格审核制度的作用下,朝着一种积极的方向发展。

第二节 美国社会工作的经验

尽管不同国家有不同的社会发展状况,社会工作还是具有很多共通之处。因此,美国社会工作专业化经验对各国来说还是很有借鉴意义的。尤其是美国的社会工作起步较早,发展时间较长,已经形成了颇具规模的社会工作队伍和专业化的社会工作认证体系。美国社会工作从诞生到成为一个被广为接受的、正式的助人职业也经过了漫长的岁月,它是顺应社会和人的需要而诞生,并随着社会工作专业教育和实践的深入,逐渐为社会所接受和

① Karla Krogsrud Miley, Michael O' Melia , and Brenda L. Dubois, Generalist Social Work Practice(Boston, Ma: Allyn and Bacon,1995),p.10.

认同，并确立起自己的社会地位，成为一个广为人知、受人尊敬的职业。

从社会工作萌芽，到社会工作专业的建立，到社会工作成为一个公认的职业，经过了长期的发展。当然，有关职业资格认证制度和社会工作者的分级制度的确立则更晚，并且各州的规则和做法也并非一致，直到1992年才在所有的州实行社会工作者执照制度。因此，职业化的进程是循序渐进的，不可能一蹴而就。它留给我们的启示归纳起来有以下三点：

第一，职业化是以专业化为基础的。社会工作成为一个为人们所接受和尊重的职业，是和社会工作独特的价值理念、理论基础和工作方法密切相关的。同时，它也是社会工作专业教育发展走向成熟的结果。据大卫·菲立浦（David G. Phillips）的观点，职业可以分为两种大类，学术型和非学术型。现在而言，学术型的职业应是一种有组织地将正式的、可以交流的知识体系艺术性地运用于人们生活的各种方面。因此，社会工作职业属于学术型职业，其明显的特征就是必须接受专门的正规教育和训练的人才能胜任这一职业。美国的社会工作者都必须经过由美国社会工作教育委员会批准的社会工作本科和硕士项目的专门教育。至2000年为止，全美共批准了421个本科、139个硕士和71个博士项目，大约每年有74000名全日和半工半读的学生进入这些学校学习。由此可见，美国社会工作首先在高等教育中确立并稳固了自身的专业地位和学术地位，才使这一职业（学术型职业）日益为社会所认同和接受。因此，专业化为职业化奠定了良好的基础。

第二，职业化是一个渐进的过程。从这个职业诞生到成熟，同样经历了曲折和痛苦，甚至也曾被质疑“社会工作到底是不是一种专业或职业”，但从事社会工作教育和实务的前辈们从没停止过努力。美国研究生教育的权威弗莱克斯讷博士（Flexner）对此问题曾加以研究和讨论，他提出了职业要满足六项内容才能被认为是专业化的职业，即相同于前面所提到的学术型的职业。于是，1921年，玛丽·里士满（Mary Richmond）倡议要建立专业的伦理守则。尽管，1923年的全国社会福利大会上也热烈地讨论过此议题，但终究没有付诸实施。相反，在此阶段，社会工作的自我管理蓬勃地开展起来，很多全国性的社会工作专业协会也趁势建立。社会工作由最早的为机构进行培训走向了大学的专业教育，并首先确认了只有两年的社会工作硕士项目才是专业的社会工作教育。直到20世纪50年代，经过很多地方或全国性协会的整合，美国当今两大权威性的社会工作专业协会最终成立，并在20世纪60年代颁布和实施了社会工作者伦理守则，标志着社会工作这一职业真正走向成熟。社会工作的职业标准和资格认证制度也首先在一些州开始推广。而现在我们可以看到,美国劳动部所颁布的社会工作职业标准,以及社会工作者资格认证制度已经在全国范围内普遍实行,教育部门、政府部门和行业协会携手而行,使这一职业从教育、资格认证、就业、职位的晋升一连串的环节紧密配合,它从层次、分类到具体制度都经过不断修正,变得十分规范和协调。由此可见,职业化的进程是个渐进的过程,在前进中得以不断成熟和完善。

第三,职业化是一项系统工程。在美国,社会工作有着非常广泛的工作领域。和其他职业不同,社会工作是呈现很多面孔的一个独特的职业。它可以在学校、医院、政府部门、司法机关工作,也可以在精神健康中心、福利机构、企业、社区、非营利组织等工作。因此,在美国社会工作的职业化过程中,同样面临这样的难题:是划分成不同职业,还是集结在同一把职业大伞之下?而最终这一职业的定位确定为它是一个帮助人们解决形形色色问题的助人职业,可以涵盖到不同的领域而从事同样性质工作的所有工作者,正是基于这一职业的根本特性,所以把社会工作作为了一个覆盖面广而统一的职业。

但是,在这么庞大的体系下,美国的社会工作如何保持形散而神不散呢?这和美国社会工作的制度化建设、行业的规范、各部门的协调与合作等因素密切相关。从社会工作的发展历程中可以看到,社会工作走向专业化、职业化,离不开各部门的通力合作,使之成为一个系统的工程,各子系统既独立,又相互作用和密切合作。如美国社会工作教育委员会(CSWE)起着规范社会工作教育体系,审核和评估各大学的社会工作专业运作状况的作用;美国社会工作者协会(NASW)则制定社会工作者伦理守则和各领域的社会工作标准,起着行业自律和专业支持的作用;而美国社会工作理事会(Association of Social Work Boards, ASWB)则是在各州社会工作理事会的基础上产生的一个全国性组织,它是一个规范全国社会工作职业的联合体,负责执照、考试和管制的总机构。据美国劳工部对社会工作者职业的介绍,2012年美国约有60.73万社会工作者,其中儿童、家庭和学校社工有28.57万人,医疗和公共卫生的社工有14.62万人,精神健康和物质滥用领域的社工有11.42万人。要使60万社会工作者这支职业大军在各个领域的不同社会服务机构中提供高品质的服务,上述的组织必须协同作战。他们构建了这一庞大系统,并分工合作,甚至在有的委员会中还专门设置了跟其他专业协会进行沟通和协调的分支机构。

总之,美国社会工作的发展顺应了社会的发展与人们的需求,并在广大社会工作者及相关机构的不懈努力下逐渐走上了专业化、职业化的道路。审视美国社会工作的发展,能够为中国当下社会工作的发展方向提供一些经验。

中英文对照表

Abraham Flexner　亚伯拉罕·弗莱克斯纳

Academy of Certified Baccalaureate Social Worker　持证本科社会工作者学会

Academy of Certified Social Worker　简称 ACSW,持证社会工作者学会

Ackerman Institute for the Family of New York　纽约阿克曼家庭研究所

Administration for Children and Families　简称 ACF,儿童和家庭管理

adult - and - youth - to - youth　成年人协助青少年对青少年

adult - to - youth　成年人对青少年

Advanced Generalist　高级综合社工

Advanced Standing Program　高级进修课程

Aid to Dependent Children　简称 ADC,失依儿童补助

Aid to Families with Dependent Children　简称 AFDC,抚养未成年子女家庭援助计划

Alderson　艾尔德森

Alexis Herman　亚历克西斯·赫尔曼

American Association of Clinical Social Work　简称 CSWF,美国临床社会工作联合会

American Association of Schools of Social Work　简称 AASSW,美国社会工作学院协会

Articles of Association　组织章程

Articles of Incorporation　公司条例

Association of Social Work Boards　简称 ASWB,社会工作理事联合会

Bachelor of Social Work　简称 BSW,社会工作学士、本科

Barbara Mikulski　芭芭拉·米库斯基

Bylaw　内部章程

Certification　证书

Charity Organization Society　简称 COS,慈善组织协会

Child and Adolescent Service System Program　简称 CASSP,儿童青少年服务规划

Child Welfare League of America　美国儿童福利联盟

children/adolescents Protective Agency　儿童/青少年保护机构

China Medical Board　简称 CMB,美国中华医学基金会

clinical social worker　临床社会工作者

Community Mental Health Center　简称 CMHC,社区心理卫生中心

Community – based Corrections　社区矫治

Continuing Education　简称 CE,持续(继续)教育

correction　矫治(矫正)

Council of Social Work Education　简称 CSWE,美国社会工作教育委员会

Covenant House　圣约社

Credit　学分

Daniel Ken Inouye　丹尼尔·K. 井上

David·G. Phillips　大卫·菲立浦

developmental disabilities　发展障碍

Doctor of Social Work　简称 DSW,社会工作博士

Dorothy I. Height　多萝西·海特

Electives　选修课程

End Stage Renal Disease　简称 ESRD,晚期肾病

Ernest Greenwood　E. 格林伍德

Field Instruction　实习督导

Food Stamp　食品券

Foundation Courses　基础课程

Frances Perkins　弗朗西斯·珀金斯

Giving USA　"乐捐美国"组织

Guide Star　美国"指导之星"慈善组织数据库

Head Start　领先幼儿园,专为贫困家庭孩子设立

Hospital Insurance　简称 HI,住院保险

Hull House　赫尔大厦服务所

Internal Revenue Service　简称 IRS,国内收入署(美国国内税务局)

International Ladies' Garment Workers' Union　简称 ILGWU,国际妇女服装工人工会

Is Social Work a Profession?　《社会工作是专业吗?》

Jackson Park　杰克逊公园

Jane Addams　简·亚当斯

Jeannette Rankin　珍妮特·阮钦

Jesse Taft　J. 特夫特

juvenile correction　青少年矫治

juvenile court　青少年法庭

Kindergarten 幼儿园

Licensed Clinical Social Worker 简称 LCSW,有执照的临床社会工作者

Mary · Richmond 玛丽 · 里士满

Master of Social Work 简称 MSW,社会工作硕士

Medicaid 美国医疗援助制度

Medicare 美国医疗照顾制度,主要包括老年和残障健康保险计划

Midway Plaisance 中途公园

MSW Program 社会工作专业硕士项目

National Association of Schools of Social Administration 简称 NASSA,全美社会行政学院协会

National Association of Social Workers 简称 NASW,全美社会工作者协会

National Conference on Charities and Correction 美国慈善与矫治委员会

National Research Council 简称 NRC,美国国家研究委员会

National School Breakfast Program 简称 NSBP,全国学校早餐计划

National School Lunch Program 简称 NSLP,全国午餐计划

National Urban League 美国城市联盟

New York Society for Prevention of Pauperism 纽约防止贫穷会社

Non – Governmental Organization 简称 NGO,非政府组织

Non – Profit Organization 简称 NPO,非营利组织

Non – stock Corporation 非股份公司

Not – for – profit Corporation 非营利公司

Old Age, Survivors, and Disability Insurance 简称 OASDI,老年、遗属和残障保险计划

Part – time MSW Program 非全日制社会工作硕士项目

Pell Grant 佩尔助学金

Person in Situation 人在情境中

Poor Law 《济贫法》

Practice Area 实践领域

Practice Method 实践方法

Registration 注册

Research and Evaluation Courses 研究和评估课程

Ross 罗斯

Samuel A. Barnett 塞缪尔 · 巴涅特

school social work 学校社会工作

School Social Work Specialist 学校社会工作专家

School – community – pupil relations model 学校 – 社区 – 学生关系模式

Social Casework 社会个案

Social Diagnosis 《社会诊断》

Society for Social Work and Research Association 简称 SSWR,美国社会工作与研究协会

Strengthening Families, Changing Lives 巩固家庭,改变生活

Substance Abuse and Mental Health Services Administration 美国滥用药物和精神健康服务局

Summer Food Service Program 简称 SFSP,暑期食品服务计划

Supplemental Security Income 简称 SSI,美国老年收入补充保障政策

Supplementary Medical Insurance 简称 SMI,补充医疗保险

Suzanne Dwora · Peck 苏珊娜 · 派克

The Association for Improving the Condition of the Poor 简称 AICP,改善贫民状况协会

the Behavioral Modification Casework 行为修正模式

The Centers for Medicare and Medicaid Services 简称 CMS,老年人和残障健康保险计划与医疗援助服务中心

The Charity Organization Society 简称 COS,慈善组织协会

The Council on Social Work Education 简称 CSWE,美国社会工作教育委员会

The Ford Foundation 福特基金会

the Health Care and Education Affordability Reconciliation Act 卫生保健与教育负担调和法案

The New Poor Law 《新济贫法》

The Rockefeller Foundation 洛克菲勒基金会

the School of Social Policy & Practice 社会政策和社会实践学院

the school - change model 学校变迁模式

the school - community model 社区学校模式

the social interaction model 社会互动模式

the traditional clinical model 传统临床模式

Toynbee Hall 汤恩比馆

Unincorporated Association 非法人社团

University of Chicago 芝加哥大学

University of Michigan 密歇根大学

University of Michigan——Ann Arbor 密歇根大学安娜堡分校

University of Pennsylvania 宾夕法尼亚大学

Virginia Robinson V · 罗宾逊

Washington Park 华盛顿公园

Washington University in St. Louis 华盛顿大学圣路易斯分校

What is Social Casework? 《什么是社会个案工作?》

youth service 青少年服务

youth - to - youth 青少年对青少年

参考文献

一、外文文献

Carnegie Classifications – University of Michigan. Carnegie Foundation for the Advancement of Teaching. July 22, 2010.

Chiappelli M. , Berardi S. Pattern of intervention and patients satisfaction with Community Mental Health Service in Bologna. Epidemiologia e Psichiatria Sociale, 2000, 9(4): pp.272 –281.

David P. , Jacqueline M. F. Introduction to the special issue of community mental health journal commemorating the 40th anniversary of the community mental health centers act of 1963 [J]. Community Mental Health Journal, 2003, 39(5): pp.377 –379.

Davis H. , Spurr P. Parent counseling: An evaluation of a community child mental health service. Journal of Child Psychology& Psychiatry& Allied Disciplines, 1998, 39(5): pp.65 – 376.

Eastley R. , Nowers M. A community mental health team for the elderly: A survey of GPs views on the service. Psychiatric Bulletin, 1997, 21 (2): pp.88 –90.

Ehrenreich, J. The altruistic Imagination: A History of Social Work and Social Policy in the United States. New York: Cornell University Press, 1985.

Eleanor L. Brilliant, Social Work Leadership: A Missing Ingredient? Social Work, 31, September – October 1986.

Ernest Greenwood, "Attributes of a Profession", Social Work 2, July 1957, pp.45 –55.

Esther Lucile Brown, Social Work as a Profession, New York: Russell Sage Foundation, 1942, p.29.

Individual Health Insurance: An Overview of Products, American' s Health Insurance Plans,2008 –11 –18.

Jody Blazek. Financial Planning for Nonprofit Organizations. New York: John Wiley & Sons, Inc. ,1996.

John Naisbitt, Megatrends, Ten New Directions Transforming Our Lives, New York:

Warner books,1982, pp. 249 - 250

Karla Krogsrud Miley, Michael O' Melia, and Brenda L. Dubois, Generalist Social Work Practice, Boston, Ma: Allyn and Bacon, 1995, p. 10.

Leon Ginsberg. Social Work Education in The United States. Portularia VOL. V, NO 1, 2005:pp. 45 - 48.

Lillian Ripple, Report of the Task Force on Structure and Quality in Social Work Education, New York: Council on Social Work Education, 1974, p. 12.

NASW. Standards for School Social Workers Services . Washington, DC: National Association of Social Workers. 2002. 9.

Patricia W. Soyka, Unlocking Human Resources: A Career in Social Work, New York: Public Affairs Committee, 1971, p. 6.

Ricahrd P. Barth, "Adoption," in Encyclopedia of Social Work, 19th ed. , Vol. I. Washington, DC: NASW Press, 1993, pp. 48 - 49.

Robert I. Barker, the Social Work Directionary, 3rd ed. Washington, DC: NASW Press, 1993, pp. 48 - 49.

Robert L. Barker, The Social Work Dictionary, NASW Inc, 1987, p. 155.

Rocco A. Cimmarusti, Family Preservation Practice Based upon a Multisystem Approach, Child Welfare, 71, May - June 1992, p. 248.

Rosemary K. Chapin. Social Policy For Effective Practice. Second Edition. New York: Routledge, 2011.

Samual E. Trotter. A Study of Public Housing in the United States ,The Journal of Finance,1958,(3):pp. 429 - 430.

Thomas D. Watts, International Handbook on Social Work Education Connecticut: Greenwood Press, 1995.

United States General Accounting Office, Foster Care: State's Early Experience Implementing the Adoption and State Families Act (Report to the Chairman, Subcommittee on Human Resources, Committee on Ways and Means, House of Representatives December 1999).

Walter I. Trattner, From Poor Law to Welfare State:A History of Social Welfare in American, New York,1989.

William J. Spitzer and Rachel Kuykendall, "Social Work Delivery of Hospital - Based Financial Assistance Service," Health and Social Work, 19,4, November 1994, pp. 295 - 297.

Wing,K. T. ,Roeger,K. L. , & Pollak,T. H. , The Nonprofit Sector in Brief: Public Charities, Giving and Volunteering, Urban Institute, 2010.

National Association of Social Workers. LDF establishes Ethics and Law Institute. NASW News 50(9), 2005.

二、中文文献

[美]O·威廉姆·法利、拉里·L.史密斯、斯科特·W.博伊尔:《社会工作概论》(第九版),隋玉杰等译,中国人民大学出版社,2005年版。

[美]Neil Gilbert、Paul Terrell,黄晨熹、周烨、刘红译,《社会福利政策导论》,华东理工大学出版社,2003年版。

[法]夏尔·阿列克西·德·托克维尔:《论美国的民主》,张晓明译,北京出版社,2008年版。

[美]威廉姆H.怀科特、罗纳德·C.费德里科:《当今世界的社会福利》,解俊杰译,法律出版社,2003年版。

蔡明镜:《美国老龄人口数据:65岁以上者3500万左右》,科讯网信息中心,2006年3月27日。

查明辉:《美国禁毒社会工作的内容与绩效研究》,《社会工作》,2012年第12期。

陈鲁南:《当前美国社工职业状况》,《中国社会导刊》,2007年第12期。

陈蒙蒙:《美国社会保障制度》,江苏人民出版社,2008年版。

陈南华:《中美非营利组织税收制度比较》,《涉外税务》,2005年第3期。

戴昌桥:《论美国的非政府组织》,《求索》,2009年第11期。

丁元竹:《政府、社会组织和企业共同治理美国社会》,《中国社会报》,2007年5月30日,第6版。

高强:《日本美国城市化模式比较》,《世界经济》,2002年第3期。

龚明娟,《浅析美国民族精神及其清教主义渊源》,湖北经济学院学报,2011年第2期。

龚咏梅:《对美国非营利组织的考察与思考》,《社团管理研究》,2008年第9期。

郭婧:《中美非营利组织发展的政策对比及启示》,《经营管理者》,2009年3月,第5期。

何玉长、余红:《关于瑞典、美国、新加坡社会保障制度的比较》,《社会工作》,1996年第4期。

库少雄:《美国的社会工作教育》,《教育理论与实践》,2003年第6期。

李超民:《美国社会保障制度》,上海人民出版社,2009年版。

李莉:《美国公共政策住房的演变》,厦门大学博士学位论文,2008年。

李诗洋:《福特基金会在中国》,《国际融资》,2005年第3期。

李艳玲:《20世纪30年代美国城市公有住房建设初探》,《华东师范大学学报(哲社版)》,2003年第7期。

李迎生:《社会工作概论》,中国人民大学出版社,2004年版。

李智红:《美国的青少年问题分析及对策》,《河北青年管理干部学院学报》,2006年第 2 期。

廖鸿、朱晓红、石国亮:《国外非营利组织管理创新与启示》,中国言实出版社,2011 年版。

林顺利、兰学莉:《美国社会工作硕士专业学位培养模式及其启示》,《河北大学学报》(哲学社会科学版),2011 年第 1 期。

刘斌志:《工会社会工作:美国经验与本土发展》,《工会理论研究》,2008 年第 3 期。

刘芳:《美国青少年社区矫治及启示》,《外国中小学教育》,2006 年第 7 期。

刘继同:《美国医院社会工作的历史发展过程与历史经验》,《中国医院管理》,2007 年第 11 期。

龙献忠、吕珈:《 美国非营利组织税收制度及其启示》,《产业与科技论坛》,2008 年第 6 期。

陆士桢、王玥:《青少年社会工作》,社会科学文献出版社,2010 年版。

马福云:《美国社会工作者管理制度探析》,《中国社会导刊》,2007 年第 20 期。

马广志:《政府购买公共服务的美国经验》,《中国社会工作,2012 年第 18 期。

牛文光:《美国社会保障制度的发展》,中国劳动社会保障出版社,2004 年版。

沈高超:《慈善融入美国人日常生活》,《中国社会报》,2005 年 7 月 26 日,第 4 版。

石瑛:《比较视野下中美社会工作教育体系探析》,《社会工作》(学术版),2011 年第 5 期。

孙仁江:《当代美国税收理论与实践》,中国财政经济出版社,1987 年版。

孙填龙:《浅谈美国住房保障政策及其对我国的启示》,《西安建筑科技大学学报(社会科学版)》,2011 年第 5 期。

童小军:《今日的美国社会工作》,《中国社会报》,2007 年 3 月 12 日,第 4 版。

童小军:《美国的青少年社会工作》,《中国社会报》,2007 年 6 月 15 日,第 4 版。

童小军:《美国的学校社会工作》,《中国社会报》,2007 年 6 月 28 日,第 4 版。

童小军:《美国社会工作者的入行资质和工作环境》,《中国社会报》,2007 年 4 月 9 日,第 4 版。

王方平:《美国福利制度概况及启示》,《中国民政》,2013 年第 4 期。

王红漫:《美医务社工发展态势》,《中国医院院长》,2012 年第 20 期。

王慧先:《美国社会保障制度的发展及启示》,《社会福利》,2012 年第 3 期。

王家庭、张换兆:《工业化、城市化与土地制度的互动关系:美国的经验》,《亚太经济》,2009 年第 4 期。

王劲颖、沈东亮、屈涛、刘忠祥:《美国非营利组织运作和管理的启示与思考:民政部赴美国代表团学习考察报告》,《社团管理研究》,2011 年第 3 期。

王洛忠:《中国非营利组织的筹资困境及改善对策:以美国非营利组织的筹资经验为借鉴》,《新视野》,2012 年第 1 期。

王名、李勇、黄浩明:《美国非营利组织》,社会科学文献出版社,2012 年版。

王名:《非营利组织管理概论》,中国人民大学出版社,2010 年版。

王娜:《试论西进运动对美国工业革命的促进作用》,《济南职业学院学报》,2006 年 2 月第 1 期。

王姝雯:《美国政府对非营利组织的管理模式及其启示》,《辽宁行政学院学报》,2012 年第 5 期。

王思斌、熊跃根:《社会工作导论》,高等教育出版社,2004 年版。

王思斌:《社会工作概论》,高等教育出版社,2006 年版。

王旭:《美国城市史》,中国社会科学出版社,2000 年版。

王学栋、赵斐:《中美非营利组织税收政策比较探析》,《生产力研究》,2007 年第 2 期。

吴潇:1935 年《社会保障法》颁布前美国的社会救助,《北方文学》,2011 年第 8 期。

吴小静:《基于 SWOT 分析的芝加哥大学社会工作学院发展研究》,《科教文汇》(上旬刊),2012 年第 3 期。

熊跃根:《探寻美国社会工作的专业化路径》,《中国社会报》,2007 年 3 月 12 日,第 7 版。

徐锦文:《美国社会保障制度简介及启示》,《湖北财税》,2002 年第 1 期。

徐正、邓国胜:《美国非营利组织的规模与结构》,《学会》,2011 年第 3 期。

许莉娅:《个案工作》,高等教育出版社,2004 年版。

薛海:《美国社会工作的管理》,《社会工作》,2008 年第 3 期(上)。

闫广芬、苌庆辉:《美国学校社会工作体系架构及其启示》,《外国教育研究》,2008 年第 4 期。

杨冠琼:《当代美国社会保障制度》,法律出版社,2001 年版。

杨团:《美国非营利组织管理》,《中国民政》,1999 年第 10 期。

郁建兴:《美国社会组织的人才培养模式和经验》,《中国社会组织》,2013 年第 1 期。

袁光亮:《美国家庭社会工作及其对我国的启示》,《理论月刊》,2012 年第 4 期。

张超:《美国社会保障制度的历史演变及其带给我国的启示》,《商业文化》,2010 年第 11 期。

张奇林:《美国医疗保障制度研究》,人民出版社,2005 年版。

张瑞:《美国的卫生保健服务体系建构及其启示》,《理论探索》,2012 年第 6 期。

张晓霞:《美法两国儿童福利制度的差异比较》,《社会》,2003 年第 6 期。

张真:《考察美国非营利组织管理的启示》,《台州日报》,2011 年 1 月 19 日,第 5 版。

章轲:《福特基金会:关注中国经济成长》,《中国经营报》,2001 年 12 月 13 日,第 1 版。

赵泳:《美国非营利组织的税收制度》,《中国社会报》,2003 年 4 月 25 日。

周震欧:《儿童福利》,台北巨流图书公司,2001 年版。

周志凯:《金融危机下的美国私营养老金及其启示》,《财政研究》,2009 年第 9 期。

朱眉华:《美国社会工作机构的发展经验》,《社会工作》,2007 年第 7 期(上)。

邹明明、赵屹:《美国的儿童社会福利制度》,《社会福利》,2009 年第 10 期。

左芙蓉、刘继同:《美国社会工作者协会的历史变迁、结构功能与运作模式》,《社会工作》,2007 年第 2 期(下)。

三、网站资料

Administration for Children & Families, Head Start. http://eclkc. ohs. acf. hhs. gov/hslc/data/factsheets/2013 - hs - program - factsheet. html

Council on Social Work Education (CSWE). 2007 Annual Survey of Social Work Programs: ResearchBrief. http://www. cswe. org/Centers Initiatives/DataStatistics/StudentData. aspx.

Covenant House, 2011 annual report. http://www. covenanthouse. org/sites/default/files/attachments/2011_AR. pdf.

covenanthouse. http://www. covenanthouse. org/sites/default/files/attachments/2011 _ AR. pdf.

CSWE. http://www. cswe. org/

General Social Care Council. Post - graduating training and the PQ framework.

Giving USA, http://www. givingusareports. org/

Guide Star. http://www. guidestar. org.

http://www. gscc. org. uk/ Training + and + learning/, 2003 - 05 - 18/2008 - 06 - 12.

Intermal Revenue Service. http://www. irs. gov/Individuals/EITC - Income - Limits, - Maximum - Credit - Amounts - and - Tax - Law - Updates

Kennard Wing. Katie L Thomas H. Pollak: The Nonprofit Sector in Brief: Public Charities, Giving and Volunteering. 2010. http://www. urban. org/publications/412209. html.

NASW. http://www. socialworkers. org/

NASW. Careers in Social Work. April 23, 2008, http://www, social workers. org/pubs/.

Pat Conway:多样化的美国家庭和美国家庭社会工作讲座, http://www. apss. polyu. edu. hk/lamwoo/docs/upload/plenary_session_2. pdf.

SSWR. http://www. sswr. org/

The Ford Foundation. http://www. fordfoundation. org/.

The Rockefeller Foundation. http://www. rockefellerfoundation. org.

U. S. Census Bureau, Income, Poverty, and Health Insurance Coverage in the United

States: 2006. August2007, http://www.census.gov/prod/2007pubs/pp.60 - 233.pdf.

U.S. Social Security Administration. http://www.ssa.gov/pubs/

United States Department of Agriculture. Food and Nutrition Services. http://www.fns.usda.gov/sites/default/files/datastatistics/Keydata - March - 2014_0.pdf

United States Department of Agriculture Foodand Nutrition Services. http://www.fns.usda.gov/fsp/: GordonW. Gunderson, The National School Lunch Program Backgroundand Development.

United States Department of Labor, Bureau of Labor Statistics. http://www.bls.gov/ooh/community - and - social - service/social - workers.htm#tab - 5

各国学校排名网,http://www.university - list.net/meiguo/paiming/dx - 20131110.htm.

华盛顿大学圣路易斯分校官网:http://wustl.edu/.

蓝十字与蓝盾协会:百度百科,http://baike.baidu.com/view/1251084.htm

洛克菲勒基金会:百度百科,http://baike.baidu.com/view/163284.htm

美国非营利组织的登记及其免税资格,百度文库:http://wenku.baidu.com/view/0ba32a19c5da50e2524d7ff9.html.

美国中华医学基金会:http://www.chinamedicalboard.org/

密歇根大学官网:http://www.admissions.umich.edu/majors.

人民网,美国发生史上最惨重校园枪案,2007 年,http://world.people.com.cn/GB/8212/81833/index.html.

人民网,美国康涅狄格州发生校园枪击案,2012 年,http://world.people.com.cn/GB/8212/191606/353418/

圣路易斯华盛顿大学布朗社工学院官网:http://brownschool.wustl.edu/Admissions/MSWProgram/Pages/Landing.aspx.

西进运动:百度百科,http://baike.baidu.com/view/562812.html.

中国新闻网,美国青少年未婚怀孕成风 恐成为严重社会问题,2008 年 9 月 4 日,http://www.chinanews.com/gj/bm/news/2008/09 - 04/1371473.shtml

图书在版编目(CIP)数据

美国社会工作/杨克著. — 北京:中国社会出版社,2014.5
(海外社会工作介绍丛书/高鉴国主编)
ISBN 978 - 7 - 5087 - 4738 - 5

Ⅰ.①美…　Ⅱ.①杨…　Ⅲ.①社会工作—美国—高等学校—教材
Ⅳ.①D771.23

中国版本图书馆 CIP 数据核字(2014)第 098661 号

书　　名　美国社会工作
著　　者　杨　克
策划编辑　向　飞
责任编辑　向　飞　侯　钰

出版发行　中国社会出版社　　**邮政编码:**100032
通联方式　北京市西城区二龙路甲 33 号
电话:编辑部　(010)66026806
邮购部:(010)66060275
销售部:(010)66060531
(010)66030260
网　　址　www.shcbs.com.cn

印刷装订　中国电影出版社印刷厂
开　　本　170mm×240mm　1 /16
印　　张　12.25
字　　数　250 千字
版　　次　2014 年 7 月第 1 版
印　　次　2014 年 7 月第 1 次印刷
定　　价　35.00 元